O bê-á-bá da política econômica no Brasil

O bê-á-bá da política econômica no Brasil

Roberto Luis Troster

M.Books do Brasil Editora Ltda.

Rua Jorge Americano, 61 - Alto da Lapa
05083-130 - São Paulo - SP - Telefone: (11) 3645-0409
www.mbooks.com.br

Dados de Catalogação na Publicação

TROSTER, Roberto Luis.
O bê-á-bá da política econômica no Brasil/ Roberto Luis Troster.
São Paulo – 2018 – M.Books do Brasil Editora Ltda.
1. Economia   2. Política
ISBN: 978-85-7680-305-8

Editor: Milton Mira de Assumpção Filho

Produção editorial: Lucimara Leal
Revisão: Beatriz Simões
Ilustrações: Olavo Egydio de Souza Aranha
Capa: Isadora Mira
Diagramação: Crontec

2018
M.Books do Brasil Editora Ltda.
Todos os direitos reservados.
Proibida a reprodução total ou parcial.
Os infratores serão punidos na forma da lei.

APRESENTAÇÃO

A imagem da capa é do Ipê amarelo que fica na frente da minha janela. É a mais brasileira das árvores, mesmo lembrando que o nome Brasil provém de outra árvore.

Sua floração se dá às vezes no começo de agosto, outras no finzinho; mas todo ano, no dia 7 de setembro, está florida comemorando de verde e amarelo o dia da Independência. Além de linda, sua madeira é de lei, que se destaca por suas qualidades e resistência.

A escolha se deve à semelhança que a árvore guarda com o Brasil: muda ao longo do tempo, surpreendendo, às vezes, pela exuberância, em outras nem tanto; sobrevive em qualquer tempo e é forte – muito forte –, aguentando bem os maus tratos.

Há um paralelo entre a árvore e este livro: o desenvolvimento do ipê depende principalmente do clima, enquanto o do Brasil depende das políticas econômicas adotadas, que é o objeto central desta obra.

O título é para enfatizar que é introdutório. O roteiro foi montado levando em conta o interesse de cidadãos não especialistas que queiram entender como funciona a política econômica e suas possibilidades.

Como leitor-alvo, pensei inicialmente nos manifestantes que saíram às ruas para mudar o Brasil em 2013 e em todos que surgiram depois, mesmo não concordando com algumas das ações e reivindicações dos milhões de inconformados que protestaram.

Naquele ano, e nos seguintes, multidões de cidadãos, entre eles minha mulher e meus filhos, protestaram para exorcizar o espectro da mediania que assombrava e continua a assombrar o país. Parcelas crescentes da sociedade acreditando que o Brasil, gigante pela própria natureza, teria um desempenho mediano nos próximos anos.

Os manifestantes se recusavam a aceitar que o país tivesse um desempenho mediano. Um cartaz emblemático tinha os dizeres: «Eu não quero viver em outro país. Eu quero viver em outro Brasil».

Minha esposa e meus filhos estão inconformados com a situação e acreditam que o país pode ser mais próspero e justo. Estou de acordo, o Brasil pode melhorar muito, e a insatisfação é condição necessária, mas não suficiente, para a mudança.

As manifestações de rua dão vazão à insatisfação cívica e são importantes na política, mas nem sempre apresentam os resultados desejados. Acontece que, às vezes, os efeitos são perversos e as mudanças são para pior. A realidade tem restrições e possibilidades que devem ser consideradas para que os frutos do inconformismo sejam proveitosos.

Parte expressiva do desempenho dos países se deve à adoção de políticas econômicas adequadas. Estou convencido de que é factível voltar a crescer rapidamente e por um longo período. Para tanto, é importante que os inconformados entendam e promovam as mudanças necessárias. Tenho paixão por minha profissão de economista e certeza da contribuição que ela pode dar ao Brasil e ao mundo.

Este livro é uma visão abrangente do que é a política econômica e dos principais desafios no Brasil. O foco é apenas no que considero mais relevante. O objetivo é um só, apresentar elementos para um monitoramento mais preciso da realidade brasileira, para que os leitores possam votar com mais conhecimento das questões econômicas.

Há um ditado popular que diz: "Uma andorinha não faz o verão". Há outro que o complementa bem: "Uma andorinha não faz o verão, mas pode acordar todo o bando". As manifestações de rua trouxeram esperança de mudanças, porém o resultado ficou aquém do esperado.

Alguns movimentos têm bons resultados, outros ficam no zero a zero e alguns até deixam consequências perversas. O ponto é que só a energia cívica não basta. É necessário mais. As eleições são uma oportunidade ímpar para debater rumos e provocar mudanças. Um entendimento melhor do que é e do que pode ser feito é condição necessária para melhorar.

2018 é ano de eleições, abre uma oportunidade para pedir aos candidatos a presidente, a governador, a senador e a deputado que se manifestem e se posicionem sobre a política econômica dos próximos quatro anos. É hora de mudar o "desejo" de um Brasil melhor para um "projeto viável" de um Brasil melhor.

A minha geração falhou. Contestou muito a ordem vigente, mas mudou muito pouco. A nossa utopia se transformou numa distopia, um Brasil com baixo crescimento e uma das piores concentrações de renda do planeta.

Estou convencido que isso pode ser superado. A questão não é apenas criticar o que foi feito, mas sim, propor algo melhor. Alguns países conseguiram, contudo o Brasil ainda não. Isso demanda um projeto viável. É trabalhoso, mas tenho certeza que, se bem elaborado, teria apoio da maioria da população. Sua implantação é demorada, mas dá certo.

Brasil, um sonho intenso e um raio vívido que tem de brilhar, depende apenas da ação de seus cidadãos. Com certeza, a mudança não virá de Brasília.

Neste livro, apresento algumas propostas de política econômica que podem ser adotadas para melhorar o desempenho da economia. Algumas são inéditas e outras são adaptações de artigos que publiquei em jornais e revistas e de alguns trabalhos, com destaque para um feito para o SIMPI (Sindicato da Micro e Pequena Indústria do Estado de São Paulo) e outro para a UGT (União Geral dos Trabalhadores).

As duas barreiras que mais afastam as pessoas do estudo da economia e do acompanhamento da política econômica são os números e alguns termos técnicos usados. Evito utilizá-los ao máximo.

Este livro é dedicado aos inconformados – leia-se, a maioria da sociedade brasileira –, em especial a treze (meu número de sorte) cidadãos: Marta, Carolina, Victor e Tomás, pelo apoio incondicional; assim como a outros que também vestem e suam a camisa do Brasil, como Alberto Alzueta, Alida Belandi, Eduardo Juan, Gabriel Jorge Ferreira, João Carlos de Souza Meirelles, José Renato Simões Borges, Mara Amaral, Joseph Couri e Romeu Chap Chap.

Desejo que a leitura deste livro seja tão prazerosa como foi sua escrita. Acredito que o Brasil vai superar seu desempenho anêmico e surpreender com uma floração intensa. Tudo isso depende apenas de vontade cívica. Espero poder ajudar para isso com o livro.

Todos os comentários são bem-vindos. Para isso, disponibilizo meu e-mail para os leitores: robertotroster@uol.com.br.

Desejo uma boa leitura a todos!

SUMÁRIO

O que é a política econômica 11
Economistas 12
Política econômica 15

A política econômica aplicada 19
Islândia x Grécia 22

Inclusão e emprego 25
Desemprego 28
Mercado de trabalho brasileiro 30

As falhas e armadilhas de mercado 37
Armadilhas e artifícios 38
O sapo 38
O macaco 39
Peixes 40
Armadilha da dívida 41

Política fiscal 45
Política fiscal 47
Dívida / PIB 50

Intermediação financeira 53
O papel da intermediação financeira 55
Obsolescência institucional 58

10 | O BÊ-Á-BÁ DA POLÍTICA ECONÔMICA NO BRASIL

Política monetária 63
Autoridade monetária 66

Política cambial 71
Política de reservas 73

Transformação 77
Inovações e ganhos de produtividade.................. 80

Política de desenvolvimento 85
Os quatro I's 87

A crise e sua superação 91
Causas da crise 92
Medidas urgentes 96

A "glocalização" 103
Como fazer 105
Nova gestão para São Paulo 109

Pátria Grande 113
Integração econômica com a Argentina 115

Liberais, desenvolvimentistas e outras tribos 119
Desenvolvimentismo 121

Reforma política possível 125
Sistema político brasileiro 127

As eleições de outubro 131
O que cobrar dos candidatos 133
Estratégia e plano de ação 136

Big Bang 2018 137

O QUE É A POLÍTICA ECONÔMICA

"Política Econômica" é a ligação de duas palavras, "Política" e "Economia", que resulta em outro significado, formando uma unidade semântica autônoma.

"Política" vem do grego antigo "polis", que literalmente significa "cidade". Há mais de dois mil anos representava o espaço urbano como uma comunidade, onde os habitantes tinham a consciência de fazer parte, algo como "pátria" na atualidade. Para os cidadãos da Grécia Antiga, era mais do que uma aglomeração de domicílios, era uma forma de vida coletiva.

A política era o conjunto das atividades públicas dos cidadãos, com uma participação intensa, apresentando propostas, que eram debatidas e votadas por todos. Induzindo dessa forma a decisões de estado mais racionais e voltadas para o bem-estar comum.

A palavra "economia" também vem do grego antigo. A primeira vez que apareceu foi num texto de Xenofonte, um pupilo de Sócrates e autor do primeiro escrito sobre o tema de que se tem conhecimento, *Econômico*, um diálogo socrático, provavelmente escrito em 361 a.C. na Grécia Antiga. Na época, a economia já era considerada um campo do saber autônomo, como a medicina e a metalurgia.

A etimologia da palavra é a combinação de dois termos "oikos" e "nómos". O entendimento clássico do primeiro vocábulo grego é o conjunto formado pela casa, propriedade e também pátria, incomum no passado e usual atualmente. Outros termos, como ecologia e ecossistema, têm a mesma raiz.

O segundo vocábulo "nómos" está associado a normatizar, a administrar, a prescrições e a padrões. Juntando os dois termos, "oikos" + "nómos", obtém-se economia: direção, administração, plano e ordenação do conjunto.

No *Econômico*, a atividade de economista era tratada como algo autônomo da propriedade. O diálogo trata também das relações entre mulheres e homens, da vida urbana e rural, da moral, da escravatura, da educação e do funcionamento da economia pública e privada.

Passados mais de dois milênios, sua importância e a essência do desafio continuam, mas a realidade mudou, acumulou-se conhecimento e aumentou a preocupação com o rigor das análises.

Economistas

Ao longo dos séculos, alguns economistas se destacaram mais que outros. Os mercantilistas, na idade média, propuseram políticas de enriquecimento de nações. Adam Smith, no início da Era das Revoluções, aumentou o formalismo científico. David Ricardo, pouco tempo depois, melhorou o rigor analítico; e Keynes, no século passado, proporcionou a justificativa para uma gestão pública mais ativa. A lista é extensa.

No Brasil, há alguns que já passaram à imortalidade como Eugênio Gudin, Celso Furtado e Mario Henrique Simonsen, e outros que ainda nos agradam com sua presença em debates e apresentações e em artigos e entrevistas publicados na imprensa com suas ideias e ideais. Há outros menos famosos, mas que fizeram e ainda fazem acontecer como analistas, estrategistas e gestores de empresas, de ativos financeiros, de cidades e de países.

O conhecimento econômico avança em abrangência e profundidade, dá-se de três maneiras: (i) alterações na base econômica com a transformação da realidade; (ii) surgimento de novos problemas; e (iii) novas interpretações e soluções para os desafios apresentados. A economia sempre é uma combinação de princípios científicos com uma leitura crítica da realidade.

Esse saber trata da combinação dos quatro "Qs" – Que, Quanto, Quando e Quem produzir e consumir – analisa a organização de mais de duzentos milhões de habitantes operando oito milhões de empresas e interagindo entre si e com o resto do mundo, dezenas de milhões de vezes por dia.

A economia é dividida em áreas. Uma de destaque é a microeconomia, chamada também de teoria de preços. Ela analisa como são formados preços e o que determina a oferta de produtos e sua demanda, bem como outros aspectos, como o papel da informação, do risco, da incerteza, da regulamentação e da tributação.

Há outras áreas como a macroeconomia, a internacional, do setor público, urbana, agrícola, do meio ambiente, do trabalho, do bem-estar e do direito, que analisam fenômenos econômicos. Em todas há uma combinação de teoria, informações específicas dos temas estudados, desafios em questão e conhecimentos de outras áreas, como estatística, matemática, história e sociologia.

Um campo é a economia brasileira. Explica seu funcionamento, crescimento, alternativas de desenvolvimento, ganhadores e perdedores, variáveis-chave de sua dinâmica e as possibilidades que o país tem. Utiliza recursos de outras áreas da economia, bem como de quase todos os demais campos do saber.

A economia brasileira é o resultado das ações de milhões de trabalhadores, desempregados, de empresários, políticos, burocratas, donas de casa e estudantes, máquinas, animais, estoques existentes, infraestrutura – influenciados pelo resto do mundo, por novas descobertas e pela natureza. Todos fazem acontecer, alguns mais e outros menos.

O campo de estudo da economia brasileira é abrangente, mas quatro questões estão sempre presentes no radar: (i) a produção – como, quanto e seu valor; (ii) a distribuição – para quem vai, consumo presente e futuro e mecanismos de repartição; (iii) as distorções – crises, injustiças, oportunidades perdidas e inflação; e (iv) a sustentabilidade – econômica social e ambiental.

A "economia", em quase toda sua abrangência, explica o que é, e trata da estática e do equilíbrio. A "política econômica", que é parte da economia, é o fazer, a dinâmica e a transformação.

Pode ser definida como um conjunto de ações tomadas pelos governantes para atuar e influir sobre a produção, a distribuição e o consumo de bens e serviços ao longo do tempo. É a atuação do governo afetando o comportamento dos mercados por meio de leis, normas, compras, gastos, tributos, subsídios, etc. para atingir determinados objetivos.

Há uma anedota que diz que as perguntas são as mesmas nos exames de política econômica, ano após ano, entretanto as respostas corretas mudam.

Parece paradoxal, mas uma boa solução, numa determinada situação, pode se transformar num estorvo depois de um tempo, em razão de transformações na realidade. Abundam exemplos de como a demora em ajustes, quando as condições se alteram, torna contraproducentes políticas econômicas que antes eram virtuosas.

Política econômica

A política econômica faz parte da economia, tem um grande diferencial fundamental, é o papel central que o tempo tem. No aspecto quantitativo, as variáveis, além de medidas, têm de ser datadas; as defasagens entre ações e seus efeitos são analisados a fundo no qualitativo.

Um aspecto central é a dinâmica de mudança, estudando a influência de variáveis exógenas, como a tecnologia e inovações nesse processo, e projetando cenários possíveis. Não é um jogo de palavras, mas na política econômica as variáveis se alternam de situação a situação.

Os períodos de continuidade são interrompidos por anomalias, que levam a transformações, que redefinem a importância relativa de cada um dos objetivos da política econômica, o tipo de instrumentos que pode ser utilizado para alcançá-los e a natureza dos problemas que devem enfrentar.

Ilustrando o ponto, a combinação de políticas adotada em 1994, no início do Plano Real. Num primeiro momento, a valorização cambial e os juros altos serviram para estabilizar a moeda e acelerar o crescimento.

Depois de um tempo, as condições da economia mudaram, demandando ajustes; entretanto, a insistência em manter a orientação foi problemática e ocasionou a crise cambial de 1999, com danos irrecuperáveis ao crescimento e que custou ao País dezenas de bilhões de dólares, um desperdício.

A falha na política adotada em 1994 não esteve em sua concepção e implantação, um sucesso reconhecido, mas na demora em se adaptar ao novo cenário. O que era um remédio havia se tornado um veneno.

O ponto é que quando muda a realidade, a atuação do governo tem de se adequar à nova situação. Uma mesma gestão virtuosa pode transformar-se em defeituosa se não forem feitos os ajustes a tempo.

Não existe uma política econômica que seja universal e se aplique a todos os contextos. O que funcionava numa economia agrária do começo do século passado pode não dar certo num país sofisticado do presente; quando muda a realidade, é necessária uma adequação.

A política econômica é praticada desde os primórdios da civilização humana. A gestão da economia no Egito dos faraós, uma sociedade escravocrata, conseguiu gerar recursos para construir as pirâmides, que duram até os dias de hoje.

O império Romano é outro exemplo de sucesso na política econômica, uma economia pujante e sofisticada, que se estendeu por toda a Europa e parte da Ásia durante séculos.

Na atualidade, a boa política econômica contribui para que alguns países tenham um desempenho melhor que outros, consigam maiores taxas de crescimento de suas economias, inflação mais baixa e distribuição de renda mais justa em condições mais adversas que outras.

O termo política econômica é abrangente, inclui desde a fixação da taxa de juros pelo Banco Central até a determinação de alíquotas de impostos pelo Tesouro Nacional e reformas no judiciário pelo Congresso.

Os objetivos da política econômica podem ser (e deveriam sempre ser) os quatro chamados de "interesse público" ou "bem comum": equidade, eficiência, estabilidade e sustentabilidade. O primeiro se refere à inclusão e ao emprego; o segundo, a um crescimento elevado e sustentado; o terceiro, à estabilidade de preços e de atividade; e o quarto, à sustentabilidade.

Para atingi-los, há objetivos intermediários, como a urbanização de uma cidade, o fomento de um determinado setor industrial, a redução da dívida pública, o controle da inflação ou a melhora da qualidade do meio ambiente.

Note-se que, em algumas ocasiões, apesar de o anúncio do objetivo ser de interesse público, na realidade é para proveito de poucos; o objetivo é de "interesse privado" ou "bem incomum", como procurar a reeleição, conseguir benefício próprio, obter mais poder, ceder a pressões de grupos influentes e ao favorecimento de amigos.

Os instrumentos para atingir os objetivos, apesar de sua superposição e interação, estão segmentados em: política fiscal – relacionada principalmente à disposição do governo de arrecadar impostos, efetuar despesas e administrar a dívida pública; política monetária – na atuação sobre a oferta de moeda e as taxas de juros; política cambial – sobre a determinação da taxa de câmbio; e política de desenvolvimento ou de transformação – que trata de políticas setoriais, como industrial e agrícola, de rendas, externa, de estrutura de mercados e de regulamentação.

A combinação das políticas fiscal, cambial e monetária é chamada de tripé, que quando virtuoso, com responsabilidade fiscal, câmbio estável e oferta de moeda e crédito adequada, gera as condições necessárias para o crescimento, mas não suficiente. A política de desenvolvimento é a que induz a uma expansão da economia com inclusão quando o tripé funciona.

A POLÍTICA ECONÔMICA APLICADA

O desempenho econômico dos países é heterogêneo, enquanto uns avançam acima da média com estabilidade e níveis elevados de inclusão e de renda por habitante, outros têm um desempenho fraco. Cada caso é um caso, mas, de maneira geral, a explicação está em dois conjuntos de fatores: ambiente e política econômica.

O primeiro é exógeno, está relacionado a fatores externos e fora do controle do governo, como: a alta do preço das matérias-primas produzidas ou o clima, ou ainda os humores do sistema financeiro internacional que, quando favoráveis, estimulam seu desenvolvimento.

O segundo conjunto é endógeno, sendo determinado pela qualidade da política econômica de cada país, atuando em sintonia com o ambiente, dando vida a projetos e adicionando valor à sociedade.

Enquanto uma parte dos países reage a problemas e/ou se prende a preceitos ultrapassados, outra gera resultados surpreendentes aproveitando oportunidades e, dessa forma, garantindo um futuro mais abastado.

Uma analogia para entender o papel da política econômica é compará-la a uma bicicleta, que é útil movendo-se ajustada ao terreno, ao destino certo e ao ciclista, caso contrário, vira um trambolho. Num ambiente em transformação, adaptação rápida é essencial.

O potencial do mundo está se expandindo em razão da tecnologia, da globalização, das cadeias produtivas internacionais e das demais transformações da estrutura econômica. Abundam exemplos de países que fizeram acontecer com ações adequadas às oportunidades que apareceram.

Nos últimos vinte anos, países como China e Índia na Ásia, Botsuana e Quência na África, Islândia e Hungria na Europa, Austrália e Nova Zelândia na Oceania, e Peru e Panamá nas Américas conseguiram mais que dobrar a renda por habitante de seus países. Outros, como o Brasil e Argentina, tiveram um desempenho mais fraco.

Todos os casos de sucesso têm um elemento em comum: a execução de uma política econômica focada nos quatro objetivos de interesse público. É errado pensar que oportunidades e vocações são iguais para todos, não são e não existe uma fórmula única que dure para sempre.

Num cenário mundial de transformação, como o atual, urgem estratégias para usufruir as oportunidades. Propostas de gestão rígidas e acomodadas produzem resultados pífios, apenas as aguerridas podem conseguir um bom desempenho, mesmo que o resto do mundo ande de lado.

Na média, a política econômica brasileira tem um desempenho inferior à dos demais países do mundo. Nas últimas três décadas, se o Brasil tivesse crescido à mesma taxa do resto do mundo, teria uma renda por habitante 60,5% maior do que tem. A política econômica aplicada na superação de crises ilustra sua importância. Não há uma receita universal que se aplique a todos os países, nem uma que sirva para um mesmo país todo o tempo. Mas há estratégias que apresentam bons resultados rapidamente, e outras que prolongam a agonia por muito tempo. Cada caso é um caso.

Na literatura econômica, há vários tipos de crises com magnitudes e velocidades diferentes: cambiais, fiscais, inflacionárias, quebras de safras, de choques de oferta, financeiras e de crédito. Em algumas, há uma combinação de causas.

A rapidez e a intensidade da solução dependem da adoção de uma política econômica apropriada. O foco inicial é num diagnóstico acertado do ambiente; uma definição de objetivos intermediários viáveis, uma estratégia adequada e sua execução com contundência fazem toda a diferença.

Na história econômica brasileira, temos o registro de muitas crises, algumas históricas, como a do ouro e do encilhamento, e outras mais recentes, como a da moratória mexicana em 1982 e a do Lehman Brothers em 2008.

As velocidades e intensidades das soluções dadas foram diferentes em todos os casos, dependendo das circunstâncias e dos condutores da política econômica do país.

Um exemplo de superação de crise a ser destacado é a do café. Em 24 de outubro de 1929, os Estados Unidos tiveram a queda da bolsa de valores que fez com que o PIB de lá despencasse. Com isso, a demanda de café brasileiro caiu e os preços do produto também.

Já em 1929, as exportações brasileiras em moeda forte caíram 2,6% e, nos anos seguintes, declinaram 31%, 25%, 26%, 2% e 2%. Uma sequência de quedas, parecida com o que aconteceu no resto dos países da América do Sul, que eram exportadores de matérias-primas. A queda afetava a produção e importação de outros bens e serviços nas economias.

As exportações em moeda forte caíram de 1929 a 1934, todos os 6 anos. Mesmo assim, no quarto ano, o Brasil começou a crescer vigorosamente. A economia tupiniquim se recuperou rapidamente, enquanto o mundo ainda continuava em recessão.

Getúlio Vargas escolheu uma estratégia adequada para enfrentar a crise, com a queima de estoques de café, reformas e o desenvolvimento de algumas indústrias. Note-se que apesar de ter sido a maior crise mundial do século passado, o Brasil a superou mais rapidamente que a grande maioria das economias. O mérito de Getúlio na época foi de agir sobre as causas corretas dos problemas, não dos sintomas.

Nesse período, o Brasil cresceu 11%, foi o melhor desempenho de toda a América do Sul, com a economia chilena caindo 17%, a uruguaia 9%, a venezuelana 8% e a argentina 2%. A peruana cresceu 1% e a colombiana 8%. Cada caso é um caso, mas em condições parecidas, o desempenho brasileiro superou bem todos os outros. Foi o campeão da América.

Islândia x Grécia

Outro exemplo, para ilustrar a importância de uma política econômica apropriada, é comparar o desempenho da Islândia e da Grécia, na crise do Lehman Brothers, em 2008. São países diferentes, mas com vários pontos em comum.

O choque nos dois foi forte, mas enquanto a Grécia adotou a austeridade para superar os problemas, a Islândia escolheu fazer acertos específicos, atacando a raiz dos problemas que era o impacto da crise na dinâmica financeira do setor privado.

Os resultados mostram que solução grega deixa a desejar quando comparada com a islandesa. Apesar de que num primeiro momento, a crise bateu mais forte na Islândia: no segundo ano, o PIB de lá caiu menos que na Grécia; e, do terceiro ano em diante, começou a crescer, enquanto os gregos só apresentaram um número de PIB positivo no dobro do tempo.

O PIB da Grécia continua inferior ao do início da crise e vai continuar assim por alguns anos, enquanto o da Islândia é superior. Outros indicadores mostram o desempenho melhor da estratégia islandesa. O investimento/PIB da Islândia é o dobro do da Grécia. Destacando, que a taxa grega era superior à islandesa no começo da crise.

Enquanto a dívida bruta da Islândia caiu, leia-se menos impostos para pagar juros, a da Grécia aumentou. O indicador que mais se destaca é o do desemprego. A Islândia já está no pleno emprego e, no país do Mediterrâneo, o desemprego supera os 20%.

A Grécia está no caminho de reduzir a dívida e o desemprego e aumentar o investimento e o crescimento, mas indiscutivelmente numa velocidade muito inferior à da Islândia.

É fato, são duas situações distintas, mas a grande diferença é que enquanto um país apenas reagiu à crise, o outro adotou uma estratégia adequada e teve um desempenho melhor.

Brasil foi campeão na década de 1930, mas atualmente é lanterna, só ganha da Venezuela na América do Sul. Abundam lamentos culpando a herança dos governos anteriores, o câmbio, o pessimismo da indústria e a má vontade dos banqueiros. Sobram lamúrias.

Na média, o desempenho da política econômica no Brasil é fraco. Apesar das vantagens que o país tem, a distribuição de renda está entre as dez piores do planeta, apenas um em cada cinco brasileiros em idade ativa tem carteira assinada, a renda per capita é a 72ª do mundo e a instabilidade de preços e de atividade é uma das mais altas. Há muito que pode ser melhorado.

É arriscado acreditar em relatos que colocam a responsabilidade do freio da economia brasileira nos governos anteriores, no exterior e em empresários, em vez de analisar a adequação da condução econômica à realidade. Deve-se evitar um diagnóstico equivocado.

O novo paradigma mundial exige ações contundentes. Para tanto, deve-se agir. A capacidade de desenvolvimento do Brasil é grande e há condições de prosperidade que não devem mais ser desperdiçadas. Para isso, é necessário pensar sistematicamente no futuro e antecipar problemas. Há um horizonte promissor que deve ser usufruído.

O quadro internacional oferece boas oportunidades, como a revolução tecnológica, um crescimento mundial da demanda de alimentos e de matérias-primas e a existência de recursos e empresários do mundo inteiro atrás de portos seguros para investimentos.

Para capitalizar essas oportunidades, a chave está numa política econômica adequada, mudando alguns paradigmas, como de mercado interno para estrutura produtiva interna; de financiamento de consumo para crédito responsável; de gastos públicos para eficiência do governo; de proteção às cadeias produtivas locais para inserção conveniente nas cadeias produtivas globais; e de crescimento do PIB em 2018 para crescimento do PIB até 2028 ou, melhor ainda, até 2038.

INCLUSÃO E EMPREGO

"Xibom bombom" é o título de uma música, cantada pelo grupo "As Meninas" no final da década de 1990, que evoca o primeiro objetivo de política econômica, que é a inclusão e o emprego.

É gostosa de ouvir: "Analisando essa cadeia hereditária, quero me livrar dessa situação precária, onde o rico cada vez fica mais rico e o pobre cada vez fica mais pobre. E o motivo todo mundo já conhece: é que o de cima sobe e o de baixo desce". O que preocupa é que ela continua atual.

É uma vergonha que a distribuição de renda do país seja uma das dez piores do mundo e há mais de dez milhões de desempregados. Reforça a percepção da canção citada. Basta um olhar atento para corroborar que as concentrações de renda e de oportunidades são realidades no Brasil, as favelas não estão encolhendo e indicadores de pobreza abundam nas cidades.

Há avanços sim, mas são tímidos. É inconcebível que num país com tantas oportunidades como o Brasil, com um povo tão generoso, essa situação perdure. É um problema antigo, que vem desde a época das capitanias hereditárias, que centralizavam o poder econômico e político no capitão-mor.

O viés regressivo se observou nos ciclos agrícolas posteriores e na política de industrialização, privilegiando grandes grupos. Apesar de avanços, o modelo econômico vigente estimula a concentração: os casos da educação e da tributação ilustram o ponto.

Os dispêndios com um aluno de uma universidade pública são em média dez vezes maiores do que com um do ciclo básico. Todavia, recusa-se a cobrar do estudante do ensino superior, que faz parte de uma minoria seleta e em grande parte com capacidade de pagar por seus estudos, ou com dinheiro ou com serviços para a comunidade.

Agravando o quadro, boa parte dos recursos para custear a educação superior gratuita vem do ICMS, um imposto em que as classes mais baixas contribuem proporcionalmente mais; o resultado é que os mais pobres pagam pela educação dos mais ricos.

O viés concentrador na estrutura tributária é forte. Permite que os mais ricos contribuam proporcionalmente menos do que os pobres; os impostos oneram mais a horizontalização da produção, favorecendo grandes empresas verticalizadas. Note-se que a concentração empresarial é maior que a de renda no Brasil.

A tributação do crédito é outro exemplo emblemático, incide mais por Real emprestado quanto menor for a operação e onera a reestruturação de empréstimos, ao mesmo tempo em que algumas aplicações não pagam impostos, são isentas. Tanto a educação como a tributação contribuem para que o rico fique cada vez mais rico e o pobre cada vez mais pobre.

Há mais fatores com esse viés. No setor empresarial, a burocracia dificulta a atividade de pequenos empresários com exigências exageradas, sem uma justificativa econômica convincente. O efeito é que os pequenos empreendedores têm proporcionalmente mais dificuldades com o cumprimento de exigências legais que os grandes para iniciar e sustentar uma empresa.

Os países com rendas per capita mais elevada formularam políticas para aumentar a inserção produtiva e, dessa forma, impulsionaram o crescimento. Possuem um nível de renda alta porque fomentaram a inclusão.

Além de ser uma questão de justiça social, é também um fator de desenvolvimento sustentável fundamental. A evidência empírica é esmagadora nesse sentido. Não há um único país avançado que não tenha adotado políticas de inclusão produtiva para crescer.

Na teoria econômica, a relação entre concentração e nível de renda per capita é representada por um «U» invertido. Nos primeiros estágios do desenvolvimento, a concentração de renda aumenta até um determinado valor e, depois, à medida que continua crescendo o PIB, há uma diminuição da concentração.

A explicação é que o desenvolvimento é iniciado pelos setores dinâmicos da economia. Num primeiro momento, aumentam sua renda e sua participação no PIB, mas, após um determinado ponto, vão absorvendo mão de obra dos demais setores e aumentando sua produtividade (leia-se investimentos em educação e inserção produtiva na economia) e, com isso, vão aumentando sua remuneração e desconcentrando a renda.

A experiência internacional mostra modelos de crescimento de sucesso em que, após um determinado estágio, a desconcentração contribui para o crescimento com a incorporação e contribuição da base da pirâmide social.

A agenda do paradigma de inserção produtiva é extensa e inclui melhorias na educação, revogação de privilégios, crédito responsável, tributação progressiva, desburocratização, mobilidade, inclusão digital, judiciário mais célere, previdência mais justa e microempreendedorismo.

O objetivo é criar um círculo virtuoso de incorporação da base da pirâmide social, aumentando sua produtividade para ter mais crescimento. Gerando mais recursos para promover mais inclusão. Diminuir-se-ia a dependência do assistencialismo, que sempre terá um papel a cumprir.

Desemprego

A imagem é assustadora. Se colocássemos os mais de 10 milhões de desempregados no Brasil lado a lado e de braços abertos, eles formariam uma linha maior que a distância de ida e volta por rodovia, ou pelo mar, do Oiapoque ao Chuí. De carro, o trajeto demoraria 216 horas e 49 minutos, com esses cidadãos enfileirados à procura de um trabalho. É muita gente querendo trabalhar e não conseguindo.

Se incluirmos suas famílias e os subempregados, teremos mais nove dias observando brasileiros com problemas num país em que sobram recursos, e onde milhões sofrem danos irreparáveis, em sua quase totalidade composta de trabalhadores das camadas mais pobres.

A falta de emprego tem consequências graves, como diminuição da autoestima, deterioração de laços familiares, destruição de lares, perdas patrimoniais – são dezenas de milhares de imóveis retomados por falta de pagamentos – e redução do padrão de vida, que, em alguns casos, é a porta para a miséria.

Uma parte do problema do emprego é conjuntural e outra é estrutural. A grosso modo, o emprego e sua remuneração dependem da produtividade do trabalhador, da quantidade de postos de trabalho e da distribuição funcional de renda, que é quanto do total produzido pelo trabalhador fica para ele e quanto vai para os proprietários dos outros fatores de produção.

As três variáveis mais importantes para entender o emprego e sua remuneração são tecnologia, economia e mercado de trabalho. Dependendo da combinação, pode implicar mais postos de trabalho e salários maiores, ou mais desemprego e arrocho salarial.

Quando uma máquina duplica ou triplica a produtividade de um operário, a mesma quantidade de produto é feita com uma ou duas pessoas a menos. Disso surgem três questões: a primeira é quanto desse aumento é repassado aos salários; a segunda é se o ganho de produtividade induz à geração de mais postos de trabalho; e a terceira diz respeito à adequação da mão de obra ao uso da máquina.

O mercado de trabalho brasileiro é, em comparação com outros países, ineficiente, tem uma cunha fiscal elevada, rigidez na fixação de salários, pouca flexibilidade para ajustar a demanda à oferta de trabalho.

Nesse sentido, a reforma trabalhista apresentada induz a mais produtividade do trabalho ao reduzir contingências para os empregadores e favorecer a mobilidade. Flexibiliza as relações de trabalho, permitindo a terceirização, o banco de horas, o trabalho intermitente, a prevalência de acordos individuais e simplifica o processo de contratação e demissão. Também diminui contingências legais.

Note-se que aumentar a produtividade do trabalho e a eficiência do mercado de trabalho é condição necessária para gerar mais empregos e salários maiores, mas não suficiente. Isso depende da distribuição funcional da renda e da estrutura de cada mercado de trabalho.

O mundo vive um momento de transformação semelhante à transição do final do século XVIII para o começo do século XIX, com o princípio da industrialização.

Naquela época, alguns representantes dos operários, denominados luditas, tinham a preocupação louvável de preservar postos de trabalho e assim fazer com que operários pudessem manter seu modo de vida.

Com esse propósito, eles propunham a destruição das máquinas que causavam desemprego em uma Inglaterra que se industrializava. A nova tecnologia estava acabando com um modo de produzir de vários séculos; a máquina a vapor e o tear automático encarnavam a ameaça enfrentada na época.

Ao tentarem fazer justiça com as próprias mãos, muitos luditas foram perseguidos, presos, deportados para a Austrália e alguns, inclusive, foram condenados à morte. O pior é que a luta foi contraproducente – tendo como objetivo o alvo equivocado, os trabalhadores perderam tempo e energia.

Mercado de trabalho brasileiro

Nos primeiros cinquenta anos de industrialização na Inglaterra, os ganhos salariais foram insignificantes quando comparados aos ganhos de produtividade e as condições de trabalho se deterioraram drasticamente. Apenas na segunda metade do século XIX é que os trabalhadores começaram a recuperar o tempo perdido, conquistando melhores condições de trabalho, salário mínimo e limitação do número de horas trabalhadas.

Atualmente, o Brasil também vive uma transformação drástica no mundo do trabalho, que exige uma mudança de atitude não só do governo, mas também dos trabalhadores, dos sindicatos e de todos os demais cidadãos.

As perspectivas são desalentadoras. A recuperação da economia é fraca, a distribuição funcional da renda desfavorece a remuneração do trabalho, o quadro institucional e a política econômica têm um viés concentrador e a oferta de postos de trabalho pode encolher no País em vez de se expandir.

As ameaças ao emprego e às atuais relações de trabalho vêm de três frentes: (i) o desemprego estrutural, que destrói e cria empregos e demandas, nem sempre no mesmo lugar, na mesma quantidade e com as mesmas características; (ii) a exportação de postos de trabalho, por conta de uma abertura comercial e uma adaptação interna inadequada; e (iii) a destruição de empregos por conta da gestão macroeconômica.

Note-se que o desemprego estrutural é um problema nacional e não mundial. Os empregos e os salários do setor de tecnologia nos Estados Unidos aumentaram mais de 20% após a crise mundial de 2008.

O Brasil exporta empregos para o Paraguai, quando empresas brasileiras se instalam lá e começam a exportar para aqui, ou quando multinacionais escolhem construir suas instalações em países vizinhos como base para a América do Sul, em vez de ter sua sede regional aqui.

A má gestão macroeconômica faz com que cada vez mais recursos do setor não financeiro sejam canalizados para pagar juros e impostos, em vez de serem direcionados para mais investimentos.

A chave do sucesso para aumentar o emprego e sua remuneração em um determinado lugar está em cinco conjuntos de ações: (i) adequar a oferta de mão de obra à demanda; (ii) elevar a produtividade do trabalho; (iii) aumentar a elasticidade emprego-produto; (iv) garantir a eficiência do mercado de trabalho; e (v) crescer.

I. A demanda de trabalhadores está se transformando e exige qualificações diferentes, mais analíticas e especializadas. Elas são ofertadas cada vez mais sem um lugar de trabalho fixo, à distância e de maneira intermitente. Isso faz com que a concorrência pelos postos de trabalho tenha um componente global cada vez mais forte.

    Países com mão de obra mais qualificada têm uma vantagem competitiva considerável. Nem todos os empregos são exportáveis, mas o treinamento de habilidades específicas para o preenchimento das oportunidades existentes exige um monitoramento contínuo e detalhado das qualificações da mão de obra demandada e a oferta de treinamento.

Nesse sentido, os sindicatos preferencialmente, associações de classe e governo podem desenvolver um setor de inteligência competitiva de qualificações demandadas e treinamentos ofertados. O objetivo é diagnosticar oportunidades de trabalhos, fornecedores de qualificações e treinamentos específicos.

Isso exige um banco de dados que contenha informações sobre as qualificações dos trabalhadores – sindicalizados ou não –, postos de trabalho e suas alterações (destruições e criações), além de possíveis oportunidades.

Os sindicatos fariam o *match-making* (conectar ofertas e demandas) e, também, apontariam deficiências de ofertas de treinamentos. Essa ação de inteligência competitiva ajudaria a cobrir lacunas de qualificação rapidamente.

A atividade serviria para os trabalhadores canalizarem seus esforços, focando em aumentar sua empregabilidade e remuneração. Além disso, a atividade ajudaria as empresas a terem uma mão de obra mais adequada e as instituições de treinamento poderão adequar a oferta de seus serviços às demandas da comunidade que atendem.

II. De maneira geral, a produtividade do trabalho aumenta quando o investimento em capital for maior. Quanto mais se investir em máquinas, treinamento e eficiência institucional, maior será o produto por trabalhador e as oportunidades de remuneração melhor, que nem sempre ocorrem.

Nesse sentido, na formulação do projeto-país, algumas distorções podem ser corrigidas. Uma delas é a visão de que o consumo induz o crescimento, em vez de focar em poupança e investimento como motores do desenvolvimento de um país. O Brasil é um país que poupa pouco para seu nível de renda.

As estatísticas internacionais têm duas informações importantes para a política pública, de que quanto mais se poupa no médio e longo prazo, mais se cresce, e que o Brasil poupa pouco. Com isso, sua capacidade de investir e crescer fica consideravelmente limitada.

Uma segunda ação importante é induzir a mais investimento em capital. Nesse sentido, a China é um exemplo a ser copiado, no que se refere à competitividade tecnológica. Os chineses têm políticas para eliminar barreiras para novas tecnologias, incentivos fiscais para adotar tecnologias mais avançadas e/ou facilitar o mercado de máquinas usadas para ajudar em sua reposição por equipamentos novos.

Um ponto no qual os sindicatos atuaram negativamente – e que deveria ser repensado – diz respeito a algumas exigências que diminuíam a produtividade do trabalho para favorecer o emprego. Sem entrar em pormenores, um exemplo ilustrativo foi a insistência em se manter cobradores nos ônibus, quando avanços tecnológicos os tornaram redundantes e um custo para toda a sociedade, que poderia ser evitado.

Nesse sentido, a ênfase dos sindicatos deve se concentrar em analisar como é possível auferir e transferir os ganhos de produtividade – e não os impedir e, ao mesmo tempo, aumentar a empregabilidade dos cobradores em outras funções.

O crédito para as micro e pequenas empresas no Brasil, que são as que geram mais empregos por unidade de capital, é caro, escasso e curto; em média, as concessões custam mais de 60% ao ano. Uma modernização na intermediação financeira teria impactos polpudos no investimento, no crescimento e no emprego.

III. O coeficiente elasticidade emprego-produto mede a variação no emprego dada a variação no produto. Ilustrando que o PIB cresça 2,0% e o emprego 0,8%, seu valor é 0,4, que é o resultado da divisão de 0,8% por 2,0%. Avaliar essa elasticidade é uma tarefa complexa, porque inclui a questão de expectativas, defasagem, taxa de desemprego e produtividade marginal do trabalho.

Sobre o ponto de vista do emprego, é conveniente que a elasticidade emprego-produto seja baixa num momento que a economia está se retraindo (minimizando o desemprego) e elevada quando o PIB está se expandindo.

No último relatório de competitividade global do Fórum Econômico Mundial (World Economic Forum 2016-2017), o Brasil aparece em 80º lugar, entre 138 países analisados. No quesito mercado de trabalho, o País figura na 114ª posição. Comparativamente, é um mercado ineficiente, com restrições institucionais e uma tributação que atrapalham a geração de novos postos de trabalho.

No atual momento do Brasil, em que a economia está se recuperando e a composição do mercado de trabalho está aumentando, é conveniente que esse coeficiente aumente. Nesse sentido, alguns itens, não todos, da reforma trabalhista podem contribuir para elevá-lo e com isso melhorar o emprego.

Note-se que uma elasticidade alta faria com que a recuperação do emprego seja célere, e uma baixa faria com que o desemprego elevado permanecesse elevado muito tempo, com danos irreparáveis para muitos.

IV. O discurso de que a livre negociação vai melhorar o emprego e o bem-estar dos trabalhadores é sedutor, todavia, não necessariamente vai levar a uma situação melhor.

Considerando que trabalho a distância e fragmentado torna os mercados em monopsônios – onde só há um comprador– e oligopsônios – onde há poucos compradores; o poder de mercado dos compradores é grande e fixa as condições. Nesses mercados, é necessária a fixação de salvaguardas para sua eficiência, onde os sindicatos podem ter um papel importante, evitando abusos do poder de mercado, dando transparência aos trabalhadores e empregadores.

A proposta de um centro de inteligência competitiva trabalhista ajudaria no monitoramento das condições de trabalho. Informando a trabalhadores as remunerações e condições para cada tipo de atividade. Podendo influir na padronização de contratos e fiscalizando se as condições divulgadas são cumpridas.

V. Tudo o mais constante, quanto maior o crescimento, maior é o emprego.

AS FALHAS E ARMADILHAS DE MERCADO

Um dos mecanismos mais potentes para produzir com eficiência é o mercado. Quando bem organizado, garante que firmas com os custos mais baixos ofereçam seus produtos, as remunerações do trabalho e do capital sejam dadas pelas suas produtividades marginais e a economia produza o máximo possível com os recursos disponíveis pela sociedade.

Todavia, cada mercado tem características particulares de produto, condições tecnológicas, acesso, informação, tributação, regulamentação, participantes e localização no espaço e no tempo que o tornam único.

Há situações em que os mercados produzem resultados bons, maximizando o bem-estar dos participantes e da sociedade, assim como existem outras circunstâncias em que as consequências são perversas, gerando ineficiências e distorções na alocação de recursos.

São situações em que as condições que asseguram o funcionamento eficiente do mercado não são cumpridas. São chamados na literatura de falhas de mercado. Um exemplo são os monopólios em que a maximização de lucros por seu detentor implica preços muito acima do custo marginal e uma produção abaixo do potencial.

Falta de transparência, que a partir de certo ponto pode ser considerada como fraude, também faz parte das falhas de mercado. Há também armadilhas de mercado, em que sua dinâmica leva a equilíbrios perversos.

Uma armadilha é um artifício ou engodo para capturar ou causar prejuízo a um indivíduo ou animal. Há vários tipos delas, três delas são importantes para entender a dinâmica da economia brasileira, que tem as denominações de sapo, macaco e peixes. Servem para ilustrar a estrutura de cada uma delas.

Armadilhas e artifícios

O sapo

O ilustre batráquio, quando colocado num recipiente com água à temperatura ambiente e aquecido gradualmente, morre inchado após um tempo. Contudo, se jogado no líquido já fervendo, ele pula fora rapidamente. Popularmente, o feito é conhecido como a síndrome do sapo fervido.

A demora em reagir a um quadro que se altera vagarosamente é um fenômeno que ocorre nas organizações e nos países por falhas de coordenação e de interpretação da informação disponível; é conhecido como inércia de ação. A armadilha do sapo tipifica a demora em agir e suas consequências em determinadas situações.

Há defasagens entre uma situação que exige a atuação de medidas de política econômica e seu efeito. Todo o processo é dividido em quatro defasagens: a de reconhecimento – o tempo em que se demora em perceber a situação; o de decisão; o de ação: e a externa, que é quando os efeitos se fazem sentir.

Ilustrando o conceito. Há uma elevação de preços contínua e passa um tempo até que a autoridade econômica perceba que é um problema a ser enfrentado; seja pela defasagem dos índices, seja porque quer avaliar se é algo transitório ou não. Essa é a defasagem de reconhecimento. O governo tem de decidir se aumenta os juros ou o superávit para enfrentar a alta da inflação – é a defasagem de decisão.

O governo aumenta o superávit cortando alguns gastos – é a de ação. Por último, os preços param de subir – é a defasagem externa. No exemplo do sapo, a defasagem de reconhecimento e de decisão é tão longa que ele acaba morrendo.

Há problemas na economia em que a demora só os agrava. O alto desemprego atual é um exemplo. Esperar que o nível de desocupação caísse é pouco. Medidas como a criação de um centro de inteligência de trabalho poderiam melhorar a situação de muitos em pouco tempo. À medida que passa o tempo, a empregabilidade de muitos se deteriora, em alguns casos, sem volta.

O macaco

O caso do macaco é diferente, ele toma a decisão, mas é errada e a ação é prejudicial a ele. Uma armadilha para caçar macacos é uma cumbuca de boca estreita e com sementes saborosas dentro. O primata enfia a mão nela e pega um punhado dos petiscos que estão dentro e, como não está disposto a ficar sem eles, acaba preso. É o caso do ditado popular: para não perder os anéis, perde-se os dedos e os anéis.

A recusa em mudar faz com que se crie uma situação em que todos perdem. A guerra fiscal entre os estados é um exemplo. Nenhuma unidade da federação quer abrir mão de fixar as alíquotas de seus tributos, o resultado é que a tributação fica tão complexa no Brasil que empresas decidem se mudar para outros países, onde é mais simples.

Há situações em que todos perdem, são os equilíbrios perversos. A busca de lucros econômicos imediatos prejudica os resultados de prazos mais longos. A extração de madeira e as queimadas na Amazônia dão lucro a poucos por um curto período em detrimento de um desenvolvimento sustentado da região.

Peixes

A pesca predatória é outro exemplo, em que os próprios pescadores são os mais prejudicados. Numa região em que alguns pescadores, não todos, comecem a diminuir a malha de suas redes, faz com que o tamanho médio dos peixes encolha.

Isso pressiona a que todos os demais pescadores tenham de adotar um comportamento semelhante para sobreviver. O que tem como consequência uma redução da produção pesqueira. Induzindo alguns a encolher ainda mais as malhas das redes, mas tem como resultado uma diminuição do volume capturado.

Todos os pescadores entram num círculo vicioso, em que os ganhos de curto prazo de poucos prejudicam todo o conjunto. A prescrição de política econômica é proteger os pescadores dos pescadores para preservar a produção de peixes do conjunto, impondo medidas como um tamanho mínimo da malha das redes.

O preceito é que não pode se retirar mais de um ambiente, natural ou econômico, do que ele consegue repor. Caso contrário, a produtividade futura encolhe. É o que acontece com os peixes, e algo parecido com a intermediação financeira e as contas do governo. São dinâmicas onde mais agora é menos depois.

Note-se que nos três tipos de armadilhas, do sapo, do macaco e dos peixes, a questão central é que decisões ou equivocadas ou demoradas ou ainda com consistência intertemporal agravam os problemas. Uma análise da política econômica brasileira mostra a necessidade de mudanças certas e céleres.

Armadilha da dívida

Um dos maiores problemas da economia brasileira, desde a época do Império, é a armadilha da dívida, uma das mais descritas na literatura econômica. O Brasil está nela, assim como parte expressiva de empresas e cidadãos também. É um perde-perde para todos.

O que aconteceu com José ilustra a armadilha da dívida. É seu nome verdadeiro, brasileiro, médico, empregado, com um consultório e um plantão por semana, vivia com um orçamento justo e por motivos circunstanciais, as linhas baratas que estavam sendo-lhes ofertadas secaram, entrou no cheque especial e começou a rolar a dívida no cartão.

Quando percebeu que a dinâmica de seu fluxo financeiro era inconsistente, arrumou mais um plantão e procurou os bancos para mudar o perfil de seus compromissos. As negociações demoraram mais de seis meses e parte da dívida duplicou no período. Para sair da enrascada, vendeu a casa e mudou-se para uma menor.

Ressobram exemplos de países, empresas e pessoas capturados pela armadilha da dívida, como José. É uma situação em que a dinâmica se torna perversa, com os credores exigindo mais garantias, prazos mais curtos, oferecendo menos ou nenhuma linha e cobrando taxas cada vez mais altas. A cada dia que passa, o quadro piora.

Só é possível sair, ou com uma perda de capital, como no caso de José, ou com um calote ou com um resgate com um forte ajuste e algum subsídio de terceiros, como foi na renegociação da dívida externa brasileira na década de 1980. Em todos os casos, há uma destruição de valor.

José terá de trabalhar alguns anos a mais para aposentar-se e seu padrão de vida caiu. Pessoas, empresas e países que foram emboscados veem parte de seu futuro evaporar.

Quando acontece, há também perdas secundárias que, no caso de uma pessoa, há uma deterioração dos relacionamentos pessoais; coincidência ou não, José se divorciou. No caso de uma empresa, a inadimplência posterga investimentos e, em alguns casos, causa desemprego, e num país há crescimento perdido e deterioração dos indicadores sociais.

O ponto é que há uma destruição de riqueza. A intermediação financeira e a economia são prejudicadas e apenas alguns agentes têm lucros no curto prazo.

O que leva à armadilha da dívida? A imprudência e o desconhecimento dos tomadores? A irresponsabilidade e ganância de alguns poucos emprestadores? A inexistência de um ambiente institucional adequado? A falta de supervisão?

A resposta correta varia caso a caso, entretanto, o ponto relevante é que é possível diminuir consideravelmente sua ocorrência e, dessa forma, aumentar o índice de sobrevivência de empresas, reduzir consideravelmente estresses financeiros pessoais e fazer o país crescer mais.

A armadilha pode ocorrer por fatores imprevistos, como um acidente, ou vendas aquém do projetado e até irresponsabilidade dos tomadores. Todavia, a dinâmica do setor bancário agrava o problema e, em boa parte das situações de inadimplência, ele é o responsável.

Acontece por conta de um comportamento que faz sentido para cada instituição individual, mas não para todo o conjunto de bancos.

Essa conduta chama-se "tempo é dinheiro", ou "cada um por si".

Bancos têm que administrar bem o dinheiro para sobreviver. A prescrição é clara: complicações têm de ser antecipadas e rapidamente enfrentadas. Ao primeiro sinal de deterioração na solvência de um tomador, deve-se cobrar o que é possível, encolher os prazos, reduzir seus limites de crédito, elevar as taxas e aumentar as garantias. Com isso, a instituição individual que for mais rápida consegue tirar (extrair) o máximo possível e minimizar suas perdas.

Um detalhe importante é que, com o encolhimento de prazos, aumenta o peso da dívida, que é o montante que o tomador tem de desembolsar no período. Para uma mesma taxa de juros, com vencimentos mais curtos, a transferência de valores para os credores aumenta e empurra ainda mais o devedor para a inadimplência.

À medida que cada um tenta resolver o problema individualmente, agrava ainda mais a inadimplência do tomador. Não se deve colocar dinheiro bom em um negócio ruim é um princípio bancário. Por um lado, problemas, quando deixados por si só, tendem a piorar; e, por outro, quem espera para cobrar, pode ficar sem nada. A capacidade de reagir com rapidez é basal para a sobrevivência de um banco.

O ponto é que, em determinadas circunstâncias, esse princípio gera resultados perversos. Em situações de deterioração da confiança, a atuação de cada banco, tentando melhorar a sua condição, piora a do conjunto.

Como todos cortam simultaneamente as linhas de crédito, há um enxugamento no mercado, e tomadores solventes, sem a redução da oferta de recursos, ficam inadimplentes por um problema de liquidez. O temor coletivo da piora da capacidade de pagamento de devedores é uma profecia que se autorrealiza.

Os problemas dos *subprimes* nos Estados Unidos, circunscrito a um segmento do mercado imobiliário, se propagaram a todo o sistema bancário; houve um aperto em todas as carteiras de financiamentos. Limites foram reduzidos, empréstimos deixaram de ser rolados e os critérios de concessão ficaram mais rígidos. A expansão do crédito, que foi um dos motores de expansão da economia norte-americana, transformou-se em seu freio. O círculo virtuoso tornou-se vicioso com a crise de confiança.

Há situações, poucas, em que alguns emprestadores mudam intempestivamente as condições dos contratos de financiamento para obter lucros maiores a curto prazo e, com isso, ou impõem uma perda de capital ao tomador, ou o sufocam financeiramente. Projetos pessoais ou empresariais que são viáveis a uma dada taxa de juros deixam de sê-lo a custos maiores ou quando a liquidez do sistema desaparece.

A dívida pública brasileira está crescendo, está num valor elevado, e quanto maior for o endividamento, maior a parcela de impostos a ser destinada a investidores que exigem juros cada vez mais elevados. É um processo que se autoalimenta, favorecendo o rentismo em detrimento da produção, paralisando a economia. Não é uma história de final feliz. O Brasil tem de escolher entre engolir o sapo da dívida pública, leia-se menos crescimento, ou beijá-lo e transformá-lo num príncipe, leia-se fazer ajustes duradouros.

POLÍTICA FISCAL

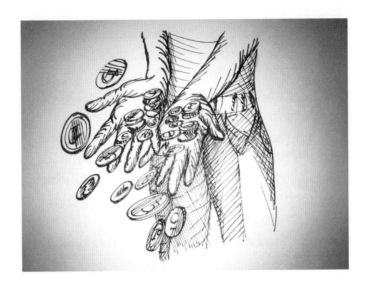

A política fiscal, do ponto de vista do cidadão, trata dos serviços oferecidos pelo setor público, como saúde, educação e segurança, e dos tributos que paga. De maneira agregada, aborda o financiamento da oferta desses serviços para os mais de duzentos milhões de habitantes e quase dez milhões de empresas, assim como de investimentos e da gestão da máquina pública para atividades como diplomacia, cultura e defesa nacional.

É a gestão dos quatro "Qs" – Que, Quanto, Quando e Quem produzir e consumir – do governo e seus impactos em cada um dos cidadãos e no conjunto. Há situações em que promove a eficiência, a equidade, a estabilidade e a sustentabilidade; assim como em outras é um estorvo. São situações em que o governo arrecada muito e oferece pouco em troca.

O caso mais notório na história do Brasil foi quando ainda era colônia, quando a Metrópole cobrava muito de impostos e oferecia quase nada em troca, que resultou na Inconfidência Mineira – uma revolta contra a voracidade fiscal, arbitrariedades das autoridades e o sufocamento de atividades produtivas na capitania de Minas Gerais. Terminou com o desmantelamento da conspiração, prisão de seus líderes e o enforcamento do alferes Joaquim José da Silva Xavier, que ficou conhecido como Tiradentes, em 21 de abril de 1792.

A trama tem um padrão que se repete na história brasileira. A descoberta do ouro estimulou a atividade econômica na região, houve uma gastança que deixou algumas marcas que perduram até hoje nas cidades históricas, como as igrejas construídas. As jazidas começaram a se exaurir e veio a crise e a negação da realidade, que culminou na derrama do ouro, seguida de uma crise e da Inconfidência.

Mesmo com o ato heroico, a história do Brasil é de ciclos que seguem um padrão idêntico em quatro fases: estímulo, gastança, esgotamento e, finalmente, crise e negação. O início de cada período é um fator exógeno, como a descoberta do ouro ou o aumento do preço do café ou do algodão, que estimula a atividade econômica e o crédito que potencializa o crescimento.

É seguido de uma etapa em que o governo, com mais caixa e mais potencial de arrecadação, gasta mais – quase sempre mal. A administração pública percebe a expansão da atividade econômica como mérito próprio e os bancos são vistos como propulsores importantes.

O terceiro momento é o de esgotamento do estímulo em que os impostos começam a pesar mais e a dinâmica do endividamento público e privado muda de direção e se torna um freio para o crescimento. A realidade dos fatos impõe um ajuste (sempre recessivo, afetando mais os pobres e inchando o Estado, que é poupado de apertos).

É quando começa o tempo de crise e negação. A culpa nunca é assumida pelo governo, é atribuída aos sonegadores, ou algum grupo minoritário, ou a uma causa externa. O Brasil teve as crises da Rússia, da Ásia, do México, do Petróleo, do Café, etc. Nunca se falou de uma crise de administração pública ruim.

Um denominador comum a todas as crises que a economia brasileira teve é o descontrole fiscal; e uma característica de todas é que, quando terminam, o estado brasileiro está mais inchado e o sistema tributário remendado.

A dinâmica dos ciclos faz com que, com a periodicidade de pouco mais de uma década, o Brasil viva uma crise. As crises sempre são superadas – algumas em pouco tempo e com baixos custos sociais, outras mais demoradas e dolorosas – e cada uma delas encolhe um pouco o potencial do país.

Política fiscal

O Brasil atua como se nada tivesse aprendido em três séculos de história econômica, permeada de crises e recessões, de intensidades e durações diversas, que minaram o potencial do país. Todas têm um padrão comum, com um erro recorrente: uma dinâmica fiscal inconsistente.

Também é conhecido como a armadilha da dívida. Para eliminar recaídas, depois de um longo processo de amadurecimento cívico, foi sancionada a Lei de Responsabilidade Fiscal no ano 2000. A norma coloca um limite ao endividamento do governo e promove a transparência dos gastos públicos. Com isso, acabaria com o erro histórico recorrente de descontrole dos gastos públicos.

Mesmo assim, por meio do que ficou conhecido como "contabilidade criativa" e de medidas excepcionais do poder legislativo, gastar mais do que o fixado na lei e aumentar a dívida pública, com interpretações imaginativas das contas do orçamento, acabou virando a regra.

Além de gastar mal, também arrecada mal. O ônus da tributação no Brasil é um problema que é agravado em razão da má qualidade de sua estrutura. É uma colcha de retalhos que vem sendo remendada desde a década de 1960. São dezenas de impostos e contribuições, com milhares de alíquotas diferentes. Comparações internacionais apontam que é o país onde mais horas são gastas por empresa para satisfazer as exigências da arrecadação.

Além da manutenção de uma multidão de contadores, advogados e despachantes, existem dois custos adicionais. O primeiro é composto pelas contingências tributárias, que aparecem em razão da complexidade das normas. É um dispêndio adicional de gente, tanto do lado das empresas como do governo, para resolver divergências.

O segundo é o custo da guerra fiscal entre municípios e estados, que usam sua autonomia para fixar tributos para atrair empresas. O usufruto dessas reduções de alíquotas exige toda uma documentação extra para provar que é verdadeira a mudança de domicílio e uma fiscalização adicional dos governos subnacionais para penalizar os que forjam uma transferência para sonegar a tributação local.

O ponto é que esses recursos gastos em atender a burocracia e na fiscalização de sua observância não trazem benefícios ao país. É um desperdício de energia humana sem sentido. O que é pior é que o problema está se agravando em razão da tecnologia, que permite operações a distância e o comércio eletrônico. Atualmente é possível, a partir de uma única localidade, prestar serviços aos mais de cinco mil municípios, o que origina inúmeras indefinições sobre a tributação.

No setor financeiro, a complexidade é bizantina. Algumas operações como arrendamento mercantil e assessoria são tributadas com o ISS (Imposto Sobre Serviços), que tem alíquotas diferenciadas, dependendo do município. Na intermediação também incidem o IOF, o IRF e o PIS COFINS, gerando mais distorções e limitando seu potencial de contribuição.

Essa estrutura é regressiva, as pequenas operações pagam proporcionalmente mais tributos que as de maior valor. Tira-se mais de quem pode menos.

No mundo inteiro, o calcanhar de Aquiles dos planos de estabilização tem sido a má política fiscal. A dificuldade em obter um equilíbrio nas contas públicas minou todas as tentativas anteriores de retomar o desenvolvimento no Brasil. A dificuldade em ajustar as contas do governo aumentou com a Constituição de 1988, que foi muito pródiga em alocar recursos da União.

O equacionamento apropriado das contas públicas é a condição *sine qua non* para uma solução definitiva da retomada do crescimento sustentado. Paradoxalmente, se feito de forma incisiva, permitiria um esforço fiscal menor no decorrer do tempo.

Na história, abundam relatos de vitórias de exércitos, superando outros mais fortes. Todos têm enredos parecidos, nos quais o vencedor, mais fraco, tem uma visão mais objetiva da realidade e faz ajustes mais rápidos de estratégia do que o perdedor, com forças armadas mais poderosas, mas lento demais em reagir às mudanças das condições da guerra.

Há paralelos entre comandos de exércitos e de economias, que quando mal executados, aniquilam postos de trabalho e potencial de desenvolvimento de países. Nos dois casos, é possível ganhar batalhas e perder a guerra. O ponto a destacar é a necessidade de adaptar a estratégia rapidamente às circunstâncias para triunfar.

É fato que o Brasil tem um potencial de crescimento grande, assim como também é fato que países com condições menos favoráveis têm tido um desempenho melhor. Ilustrando o ponto: nas últimas três décadas, enquanto a renda per capita brasileira aumentou 26%; a do México, 45%; a da Colômbia, 90%; a do Chile, 203%; e da Índia, 310%. A causa mais importante para o crescimento pífio foi a adoção de estratégias econômicas mais fracas que a dos demais países.

O governo está travando uma guerra para manter a solvência do estado brasileiro. Mas, até agora, está perdendo território; as projeções do Fundo Monetário Internacional mostram uma deterioração das perspectivas da dinâmica fiscal. O motivo é a estratégia gradualista adotada pelo governo. É inconsistente com a gravidade da situação.

Dívida / PIB

A dívida pública brasileira está em 80% do PIB e numa trajetória perigosa, as projeções mostram que só deve começar a cair a partir de 2024. Deixando o país vulnerável a um choque de oferta imprevisível, como um evento climático ou geopolítico, fazendo com que sua dinâmica se torne insustentável, inviabilizando qualquer projeto de crescimento para a próxima década.

Algo que pode e deve ser evitado fazendo ajustes estratégicos. A boa prática de política econômica é taxativa e prescreve um tratamento de choque para um quadro como o que a economia brasileira está enfrentando. As três variáveis que afetam o crescimento da relação dívida/PIB são juros e déficits primários que a fazem aumentar e crescimento da economia que a faz cair.

No ano passado, as necessidades de financiamento do setor público totalizaram 7,8% do PIB, 6,1% de juros e 1,7% de déficit primário, aumentando o endividamento. O PIB, que subiu 1%, reduziu a relação dívida/PIB. A prescrição é atuar nas três frentes: (I) baixar juros, (II) reduzir o déficit e (III) crescer mais. Seguem três conjuntos de propostas de medidas:

I. A conta de juros no ano passado foi de R$ 400 bilhões, desse total, aproximadamente R$ 100 bilhões foram com o custo de carregamento das reservas internacionais. É um seguro caro e ineficiente para evitar uma corrida cambial. Pode ser reduzido consideravelmente com medidas como: diminuição do estoque de reservas, modernização da legislação cambial e contratação de uma linha de contingência do FMI.

A conta de juros este ano será menor por conta da SELIC mais baixa, que, mesmo em 6,75% ao ano, continua sendo uma das taxas de juros reais mais altas do planeta. Pode ser reduzida ainda mais com segurança aumentando a potência dos mecanismos de transmissão da política monetária. Para tanto, é necessário acabar com a moeda remunerada, reduzir os créditos tabelados e a multiplicidade de indexadores no Sistema Financeiro Nacional.

II. As atenções estão na reforma da previdência para contribuir na solvência do estado. A bem da verdade, é mais um remendo. Um regime de previdência de capitalização funciona bem quando os trabalhadores na ativa recolhem parte de seus ganhos e os canalizam para investimentos que, depois de um tempo, geram rendimentos que sustentam os contribuintes nas suas aposentadorias.

No Brasil, há um sistema de previdência em bases correntes, que é um eufemismo para expressar a irresponsabilidade de governos anteriores. Seu funcionamento é insustentável. Os trabalhadores atuais pagam para a geração dos que não se preocuparam com o futuro. Como a expectativa de vida aumentou e a pirâmide populacional ficou mais estreita, está com problemas no presente e terá mais no futuro.

O que está sendo proposto no Congresso é necessário, mas é pouco. Deve-se fazer algo mais ambicioso, como congelar todos os rendimentos acima do teto, aumentar a tributação sobre esses recursos com alíquotas mais elevadas do imposto de renda e tributar a renda fixa.

Mais importante é livrar-se da camisa de força criada pela Constituição de 1988 com uma reforma fiscal profunda, com destinações globais de gastos e não vinculadas a tributos específicos, consolidando os impostos, observando princípios de equidade, simetria, neutralidade, simplicidade e eficiência, com o fim da guerra fiscal, com a mesma alíquota em todos os estados e municípios e com a criação de um conselho tributário independente.

III. Facilitar a produção e o emprego. Nas comparações internacionais, o Brasil está estagnado no grupo em que é mais difícil empreender e produzir. A consequência é que cada vez mais multinacionais escolhem países vizinhos para produzir e vender para a América do Sul. Há avanços em alguns pontos, mas retrocessos em outros, como a lei do cadastro positivo e tratamento residual dado à desocupação. O emprego deveria ser a prioridade do governo.

Mudar o foco no tratamento da inadimplência. A ênfase está em facilitar mais a execução de garantias de dívidas tributárias e bancárias. Até agora, as consequências são preços de ativos mais baixos e menos crescimento. Resultados melhores seriam obtidos reduzindo rapidamente o peso da dívida com ajustes na regulação bancária. Com taxas médias de concessão para empresas dez vezes maiores que a SELIC e de rolagem de dívidas em dificuldades cinquenta vezes, não é racional esperar uma inadimplência baixa.

É possível acelerar o crescimento, diminuir riscos e dar um choque de otimismo ao Brasil.

INTERMEDIAÇÃO FINANCEIRA

A intermediação financeira é feita por um conjunto de instituições e instrumentos que cumprem funções importantes para a economia, como transferir recursos de unidades superavitárias para unidades deficitárias; promover a inclusão; acelerar o crescimento; aumentar a liquidez de ativos reais; transformar e transferir riscos; mudar características de ativos financeiros; negociar a propriedade de empresas; ajustar o preço de ativos ao risco; aumentar a eficiência produtiva dos recursos reais na economia; e servir como um canal para a condução da política monetária.

Esse conjunto de instituições está em constante transformação e se caracteriza pelo seu dinamismo. As instituições incluem os bancos, os atores mais importantes, e, também, o Banco Central e outras instituições governamentais e privadas.

A intermediação existe porque todo empreendimento pessoal ou empresarial tem momentos em que é deficitário e outros em que é superavitário. Isso decorre do seu ciclo de produção, sazonalidade, maturação de investimentos, estrutura de recebimentos e pagamentos e riscos naturais e de mercado a que está sujeito.

Os responsáveis pelo empreendimento podem usar apenas recursos próprios e assumir todos os riscos. Neste caso, seu crescimento fica restringido à sua capacidade de acumular e de proteger-se dos riscos. Contudo, podem utilizar recursos de terceiros, bem como transferir ou transformar alguns riscos. Isso traz uma série de vantagens.

A obtenção e a aplicação de recursos e de proteção e transferência do risco é uma atividade complexa, e encontrar parceiros com características financeiras complementares envolve um trabalho de pesquisa demorado e oneroso. Toda essa pesquisa envolve conhecimentos econômicos, financeiros, empresariais e legais, o que exige um capital humano considerável.

O setor financeiro realiza essa atividade em razão de sua especialização, da existência de economias de escala e de vantagens regulatórias. Ele é responsável por intermediar recursos entre unidades deficitárias e superavitárias, e transformar e repassar alguns riscos existentes. Além disso, o setor financeiro também negocia empreendimentos, agregando poupanças e fragmentando a propriedade.

Todas as operações são realizadas com instrumentos financeiros que apresentam características de risco, liquidez, rentabilidade e emitente que os diferenciam. Uma apólice de seguros protege seu titular de um risco. Um depósito bancário tem uma remuneração acordada de antemão; já uma ação tem seus rendimentos condicionados por muitos fatores.

Os derivativos têm o seu valor "derivado" de outros ativos. O volume de derivativos tem crescido de maneira surpreendente a nível mundial. Isso permite que possa haver uma transferência de recursos e riscos mais eficiente em toda a sociedade.

Os intermediários financeiros se diferenciam pelo tipo de atividade que realizam e pelos nichos em que operam. Dessa forma, uma corretora compra e vende determinados ativos por ordem de terceiros e uma financeira capta recursos para financiar o consumo de bens duráveis. Existem instituições que diversificam mais suas atividades e bases de clientes que outras.

A intermediação pode ser direta – a instituição negocia ativos próprios – ou indireta – negocia títulos de terceiros. Quando a intermediação é direta, as instituições financeiras transformam as características dos ativos. Ilustrando, depósitos à vista são transformados em empréstimos comerciais. A intermediação pode também ser indireta, e, neste caso, a instituição apenas negocia ativos de terceiros. É o caso da securitização de dívidas e da negociação de ações já existentes.

O papel da intermediação financeira

O setor financeiro também serve como um canal para a política monetária. O Banco Central, por meio de operações e restrições no mercado financeiro, altera o equilíbrio do mesmo. O objetivo do Banco Central é que os agentes alterem seu comportamento nos demais segmentos da economia.

A intermediação financeira tem um papel importante na promoção do desenvolvimento de uma economia, pode ser um freio ou um acelerador. Quando bem estruturada, tem um papel fundamental no desenvolvimento do Brasil, como propulsor do investimento e do consumo, favorecendo a inclusão social e a formalidade, dando mais competitividade à indústria e ao comércio e incentivando o empreendedorismo.

Quando funciona mal, pode se transformar num freio para a economia, destruir riqueza, aumentar o desemprego e limitar o potencial de desenvolvimento do país. A crise norte-americana de 2008 foi violenta por disfunções financeiras, e a brasileira de 2014 foi vagarosa pelos mesmos motivos.

Atualmente, a intermediação financeira no Brasil é um conjunto complexo com uma infraestrutura sofisticada que emprega, direta e indiretamente, mais de um milhão de pessoas, e que, todos os dias, efetua dezenas de milhões de transações para mais de cento e cinquenta milhões de clientes ativos, estabelecendo ligações financeiras, intermediando recursos, processando informações, transformando características de ativos e mitigando riscos.

O sistema bancário brasileiro apresenta sinais dissonantes. Por um lado, é sofisticado e sólido e tem uma tecnologia de ponta e uma rede de abrangência nacional. Por outro, apresenta uma oferta de financiamento instável e onerosa, uma das mais caras do mundo; foi o fator mais importante para a catalisação da crise.

As variáveis que afetam o desempenho bancário são financeiras, econômicas, institucionais, tecnológicas, culturais e estruturais, e estão em transformação, exigindo adaptações dentro da indústria bancária e fora dela. É uma tarefa importante e complexa, na qual alguns países têm bons resultados e outros falham – as crises no fim da década passada nos Estados Unidos e Europa ilustram bem o ponto.

Uma intermediação financeira eficiente e estável interessa ao país. O crédito é a ponte entre o presente e o futuro e necessita de uma política consistente que alinhe interesses privados com sociais, que proporcione mais desenvolvimento para o país e gere mais lucros com mais legitimidade para os bancos. Não são objetivos incompatíveis, pelo contrário.

A questão é como. Bancos existem há séculos, protegendo a poupança de alguns, adiantando recursos a outros e fazendo pagamentos em nome de terceiros. A essência, meio de pagamento e intermediação financeira, é a mesma. A questão relacionada aos bancos é: como, mesmo sendo tão antigos, apresentam comportamentos tão díspares? Enquanto em alguns países e períodos têm uma contribuição positiva e válida, em outros são um fardo e questionados pela sociedade.

A resposta é que o desempenho dos bancos depende de três conjuntos de fatores e de como estão articulados entre si. Como eles se transformam ao longo do tempo, necessitam de adequações apropriadas a cada tanto.

Os três conjuntos são: o ambiente bancário – economia, tecnologia, estrutura e regulação; os dispositivos dos bancos – condições de captação e aplicação de recursos; e o gerenciamento do sistema e das instituições individualmente. Colocado de outra forma, as condições macro, as condições micro e a governança, bem como o trio está articulado.

Ao longo do tempo, e em diferentes regiões, a realidade foi mudando. A demora das autoridades em corrigir as disfunções e dos bancos em se readequarem, seja por letargia, seja pela falta de conhecimento do que é necessário fazer, seja por complacência, foi a causa da maior parte dos problemas. Os que souberam se ajustar bem e a tempo tiveram um bom desempenho.

O ambiente está formado por macrocondições que são comuns a todas as empresas, inclusive as não financeiras: a economia em sentido amplo – estrutura produtiva, demografia, recursos naturais, incluindo a conjuntura – preço de ativos, inflação e nível de atividade; a tecnologia; o quadro institucional e a dinâmica concorrencial dos diferentes setores em geral e do setor bancário especificamente.

Os dispositivos são as microcondições, os componentes básicos para a "produção" dos bens e serviços da indústria financeira. São oito: a geração de recursos, os prazos dos ativos e passivos, as margens (*spreads*), os riscos, a indexação, os custos, os balanços e a clientela.

A governança de cada instituição individualmente depende de sua adaptação aos dispositivos dos bancos e ao ambiente, com sua estratégia e execução, pessoas, processos, organização, escala, infraestrutura, localização, base de clientes, *mix* de produtos e canais escolhidos.

A governança do sistema, chamada de banco dos bancos, trata de como uma ou mais instituições fazem a gestão do sistema. Na literatura, são feitas referências a associações de bancos que cumpriam o papel; a partir do final do século XIX, parte da função foi delegada a bancos centrais e, atualmente, instituições oficiais e associações exercem a atividade.

Cada caso é um caso. No Brasil, o papel de "banco de bancos" é cumprido no lado do governo principalmente pelo Banco Central do Brasil, mas também pelo CMN (Conselho Monetário Nacional), pela CVM (Comissão de Valores Mobiliários) e pelo FGC (Fundo Garantidor de Crédito); e, no lado dos bancos, por associações de instituições financeiras e por órgãos de defesa do consumidor, com sobreposições e indefinições de competências, gerando perdas dissipadas de eficiência na gestão e algumas omissões, porque alguns problemas não são reconhecidos como tal rapidamente.

Obsolescência institucional

A arquitetura do SFN (Sistema Financeiro Nacional) foi feita na época da inflação alta, em que, para preservar a moeda nacional, o componente do passivo tinha de ser fortalecido, com múltipla indexação consoante com a dispersão de preços, liquidez imediata para aplicações e vantagens tributárias. Era um sistema estático, de um dia, em que as incertezas inflacionárias eram altas.

O crédito era predominantemente para equilibrar o caixa de empresas, na dependência de uma compensação de cheques demorada, originando um ganho inflacionário para os bancos. O governo se apropriava de parte desse lucro tributando os financiamentos e com exigências de caixa e compulsórios altos.

Atualmente, o quadro é outro. As funções do SFN são diferentes: a inflação acabou, a compensação é em tempo real, a tecnologia revolucionou a intermediação, mas a concepção do sistema continua a mesma, retrógrada. O sistema é disfuncional e é um dos fatores mais fortes para explicar a derrubada da economia brasileira. Nos anos de 2010 a 2013, o PIB cresceu 17,4%, mas a inadimplência, medida pelo Serasa, aumentou 39,3%. Após o início da crise, continuou a subir mais aceleradamente.

Governo e bancos tentam extrair mais do setor não financeiro do que sua capacidade de gerar recursos, um imediatismo exagerado. Fazendo uma analogia, é como se, numa economia agrícola, as sementes fossem tributadas pesadamente – uma circunstância em que sobram poucas para plantar e, consequentemente, as safras são menores. O sistema está na armadilha dos peixes, em que querem extrair mais do sistema econômico no curto prazo sacrificando o futuro.

Resumindo, a serventia da intermediação é fraca, com legitimidade questionada, capacidade ociosa e instável, e a demanda de empréstimos bancários baixa. Há sintomas claros da necessidade de ajustes, é possível fazê-los e melhorar significativamente o desempenho do setor e do país.

Bancos são criações sociais que se adaptam ao ambiente em que operam conforme as necessidades, restrições e capacidades. Sua transformação é influenciada por quatro tipos de estímulos importantes: econômicos, tecnológicos, institucionais e concorrenciais.

Uma intermediação adequada ampara a economia e a conjuntura, favorece os desenvolvimentos tecnológicos e institucionais, e propicia um ambiente de negócios mais saudável. A relação entre o

60 | O BÊ-Á-BÁ DA POLÍTICA ECONÔMICA NO BRASIL

produto de um país e o crédito é direta, os mais ricos têm um valor proporcionalmente maior que os países mais pobres. Quem tem mais renda tem mais financiamentos. A relação é nos dois sentidos, uma renda maior tem uma demanda maior de crédito.

Analisando o conjunto dos países, há dois pontos a serem destacados: (i) aqueles que têm mais crédito têm uma oferta mais estável; e (ii) os que têm mais crédito são os que crescem mais.

A atividade bancária é pró-cíclica, uma conjuntura com perspectivas de crescimento e de estabilidade aumenta a demanda de empréstimos e a queda da inadimplência, gerando padrões de concessão mais generosos e uma oferta de crédito maior e com prazos mais longos.

Mudanças conjunturais também estimulam inovações na indústria bancária. Um exemplo é a indexação, como reflexo de um processo de adaptação a um ambiente incerto.

O segundo conjunto de estímulos é dado pela tecnologia. Seus avanços aumentam as possibilidades de produção da indústria bancária. O acesso a novos produtos é mais fácil, mais rápido, seguro e a custos menores. A tecnologia é exógena, uma vez que desenvolvimentos em qualquer lugar do planeta podem ser apropriados em outros. Já seu uso depende de políticas nessa direção.

Outros indicadores, como decisões de crédito automatizadas ou pagamentos usando a telefonia móvel, mostram que o componente tecnológico nos bancos é forte e contribui para mais segurança e uma maior eficiência da intermediação financeira.

O terceiro conjunto de estímulos, dado pelo quadro institucional, é o mais importante. A atividade bancária consiste na intermediação de direitos e obrigações, o que torna a regulamentação um fator determinante no desempenho do setor. Boas regras e instituições são as bases de um bom sistema bancário, implicam menos custos e mais segurança. A palavra-chave é a adaptação das regras às circunstâncias.

No Brasil, a qualidade da regulamentação é fraca, o peso da regulamentação e a burocracia são altos e emperram a atividade bancária. Um indicador levantado pelo Banco Mundial e compilado pelo Fórum Econômico Mundial em 62 países mostra que a qualidade da normatização no Brasil foi a pior de todas.

A situação atual da regulamentação bancária no Brasil está dada pelas reformas de Campos-Bulhões, que se baseia na lei n. 4.595, de 31 de dezembro de 1964, sendo completada com outros dispositivos legais. Que é uma adaptação do *Glass Steagall Act* norte-americano de 1933. Na questão prudencial, a regulamentação brasileira está convergindo para a implantação do que é conhecido como Basileia à regulamentação existente, o que leva à dupla regulamentação, sem ganhos expressivos de estabilidade, mas com perdas consideráveis de eficiência.

O quarto conjunto de estímulos é o padrão de concorrência, que por si só não garante a eficiência, pelo contrário pode levar a equilíbrios perversos. Existem infinidades de estruturas e elas variam no tempo. Há falhas causadas por regulamentação inadequada, informação imperfeita, barreiras à entrada e condições econômicas que, em determinados contextos, oneram injustamente muitos em benefício de poucos.

Uma expressão que pode ser usada para explicar a dinâmica da concorrência do mercado bancário é a balcanização. O termo é de origem geopolítica, mas é usado em outros sentidos. Trata-se do fracionamento de uma unidade em partes que são mais ou menos hostis entre si. Adotam práticas procurando vantagens individuais, mas no conjunto perdem.

Há mais distorções. O passivo está hipertrofiado, com certificação, transparência e garantias; o componente do crédito está exaurido, com taxas altas, prazos curtos, morosidade elevada, falta de clareza e, na maioria das operações, com o ônus tributário maior que nas aplicações; e há uma preocupação exagerada com a sustentabilidade ambiental, em vez de com a econômica. Não tem como dar certo.

Mas pode ser corrigido. A lucratividade aumentaria substancialmente e a contribuição da intermediação para o desenvolvimento do País, mais ainda. É paradoxal, agradaria a banqueiros, a governantes e a cidadãos; todavia, insistem em uma concepção de política bancária anacrônica e inadequada às necessidades do país.

POLÍTICA MONETÁRIA

A moeda é uma criação social antiga, que cumpre três funções básicas numa economia: meio de troca, unidade de conta e reserva de valor. Como meio de troca, também chamado de meio de pagamentos, possibilita que dezenas de milhões de transações ocorram cada dia sem a necessidade de uma dupla coincidência de desejos entre compradores e vendedores.

Como unidade de conta mede o valor de todos os bens e serviços de uma economia, é a "régua" usada para medir custos e fixar preços. E como reserva de valor torna possível a existência de trocas intertemporais; compras e vendas não necessitam ser simultâneas viabilizando a poupança e o crédito.

A política monetária trata das medidas adotadas para uma oferta de moeda com os objetivos do bem comum: eficiência, inclusão, estabilidade e sustentabilidade. É importante por conta das externalidades. Efeitos positivos na economia quando funciona bem e consequências perversas em situações que falha; a inflação ou falhas no crédito têm o poder de causar crises.

Note-se que mais eficiência significa custos mais baixos para os meios de pagamentos e preços mais baixos para trocas intertemporais de recursos, ou seja, juros mais baixos. Dessa forma, menos recursos são destinados para os detentores de renda fixa e mais para outros destinos.

A oferta de moeda é feita por meio de um de sistema de intermediação financeira, que tem como requisito instituições que cumpram as funções de coordenadores, gerindo a oferta primária de moeda, suprindo serviços auxiliares como liquidez e informações, regulando as condições de captação e de aplicação de recursos, supervisionando o cumprimento das normas e a solvência das instituições e promovendo os objetivos de bem comum.

Um dos requisitos para a moeda funcionar bem na economia é que seu valor fique estável. A inflação é a medida da perda de valor da moeda e traz distorções à economia. No Brasil, o Banco Central tem como uma de suas missões ser o guardião da moeda.

É um papel primordial e deve ser reforçado. Todavia, a atuação do Banco Central ficou "copomizado", em que as reuniões para decidir a Selic e seus efeitos são manchetes e as demais atividades da autoridade monetária ficam ofuscadas.

Além da estabilidade de preços, a autoridade monetária também deve fomentar as estabilidades bancária e financeira, a eficiência da intermediação de pagamentos e de crédito e a equidade. Em algumas, a atuação do Banco Central é meritória.

Uma é na promoção da eficiência do sistema de pagamentos, que é operado pelos bancos e funciona bem, são dezenas de milhões de transações por dia que transcorrem num ambiente seguro e estável. Outra atividade em que o desempenho é positivo é a equidade, no quesito acesso. Atualmente, existem mais de trezentos e cinquenta milhões de relacionamentos bancários ativos, mais de dois por cidadão brasileiro adulto.

A solidez do sistema bancário brasileiro é outro ativo importante para o país; a poupança do público está garantida com altos índices de solvência das instituições que têm capacidade de absorver choques adversos. É fruto do esforço de muitos anos e é meritório.

Numa avaliação geral, o desempenho do Banco Central do Brasil é ambivalente: por um lado, é aprovado nas funções acima cumpridas a contento; e, por outro, é reprovado na promoção da eficiência do crédito no quesito uso inclusivo e na estabilidade da oferta de financiamento.

A eficiência na intermediação de crédito no Brasil é ruim, a cunha bancária brasileira é uma das mais altas (piores) do mundo. Os prazos de concessão são curtos, mais da metade das concessões tem duração inferior a um mês e a relação crédito/PIB está na metade de seu potencial e estagnada.

Agravando o quadro, a concessão está concentrada em grandes tomadores, atualmente não se sabe exatamente quanto, porque a estatística deixou de ser divulgada ao final de 2012.

Embora o sistema financeiro seja solvente, ele é instável, tanto na oferta de crédito como nos preços dos ativos financeiros; a volatilidade é elevada quando comparada com outros mercados.

A causa básica do desempenho fraco é a obsolescência do quadro institucional do sistema bancário, que tem seu marco básico da década de 1960, portanto, com mais de meio século de idade. Teve um papel importante no passado, mas já está esgotado em alguns aspectos.

O setor financeiro pode ser um propulsor ou uma trava para o país, depende da política a ser adotada. Uma coisa é certa, só a autonomia da autoridade monetária e uma meta de inflação crível, por mais bem concebidas que sejam, são pouco – muito pouco – para o potencial que os bancos podem oferecer.

É necessária uma nova arquitetura institucional em substituição à atual – uma colcha de retalhos resultante de um período em que o país estava voltado apenas para administrar turbulências. Mantém--se o que funciona bem e redesenha-se o que é possível aprimorar.

Além de metas de inflação, poderiam propor quatro outras metas, quantificando seus objetivos para a atuação do Banco Central do Brasil.

Seriam metas de: estabilidade da oferta de financiamentos – prazos maiores e menos afetada pelos choques de liquidez e de preços de ativos; menor volatilidade; eficiência da intermediação – de redução das margens (*spreads*) de crédito; e inclusão – uso do crédito bancário por parcelas maiores da população e do empresariado.

Autoridade monetária

No Brasil, há uma sobreposição e concentração das competências reguladoras, supervisoras e gestoras entre instituições com perdas de transparência, foco e eficiência que pode e deve ser corrigida. O desejado seria uma segregação das funções com um mandato específico para os objetivos, tais como estabilidade monetária e outros.

A oferta de moeda estável e eficaz é condição necessária para um sistema financeiro eficiente. Dois requisitos são importantes, a autonomia da autoridade monetária e mecanismos de transmissão potentes para uma moeda crível com juros baixos.

A evidência disponível mostra de forma inequívoca a relação positiva entre autonomia da autoridade monetária e a estabilidade de preços. Não há sequer um exemplo de país que tenha conseguido crescer de forma sustentada com inflação de dois dígitos. Na década passada, muitos países tiveram sucesso alterando o *status* jurídico-

-institucional de seus bancos centrais como parte do esforço para erradicar definitivamente a inflação.

Há críticos que afirmam que a autonomia do BC implica uma perda de independência do governo, sem explicitar a que tipo de independência se referem. Convém lembrar que a independência, ordinariamente, refere-se tanto à proteção dos interesses do país como de seu governo, implicitamente assumindo que ambos se confundem.

Na prática, isso não acontece, porque os interesses imediatos (leia-se popularidade) e pressões (leia-se politicagem) do governante se contrapõem aos interesses duradouros da sociedade (leia-se estabilidade e crescimento sustentado), no caso da moeda.

Uma lei de autonomia da autoridade monetária envolve pontos importantes e complexos, dos quais se destacam a responsabilidade por definir a meta de inflação; a decisão sobre como alcançar a meta; a capacidade econômico-patrimonial de operar os instrumentos financeiros; a autonomia orçamentária; a transparência; a governança; as relações com outras instituições e os atributos da diretoria – demarcação de direitos, estrutura, duração, nomeação e remoção.

Os efeitos dos juros fixados pela autoridade monetária atingem a atividade econômica, provocando impactos inclusive nos preços, por meio dos mecanismos de transmissão também chamados de canais da política monetária. As alterações dos juros se propagam por meio do câmbio, do crédito, das carteiras, das expectativas e dos estoques para o resto da economia, com defasagens e intensidades variadas. A importância de cada mecanismo varia ao longo do tempo e de país para país, e está relacionada com a estrutura econômica, institucional e financeira.

Quando esses mecanismos são ineficientes, o efeito de mudanças nos juros é fraco e demorado, obrigando o Banco Central a manter taxas de juros elevadas por muito tempo para atingir seus objetivos. Alternativamente, quando os mecanismos são eficientes, o efeito das taxas altas é apreciável e rápido, diminuindo o custo social e econômico de controle de inflação.

Com melhores mecanismos, aumenta a eficácia da política monetária. Consequentemente, tornar os mecanismos de transmissão mais eficientes é sinônimo de baixar juros, pois o Banco Central poderá atingir suas metas mais rapidamente e com menos esforço e custos sociais.

A eficiência dos mecanismos de transmissão está vinculada a fatores interligados, a cunha financeira e o grau de bancarização da economia por um lado e indexação e tabelamento de juros por outro. Esses fatores são responsáveis pelo fato de a taxa básica de juros aqui ser mais do dobro da observada em outros países com indicadores macroeconômicos semelhantes.

Um sistema bancário com uma cunha baixa tem poucos entraves à intermediação e transmite com mais eficácia e velocidade mudanças de preços de ativos do que um sistema com cunha elevada que emperra ajustes em carteiras. Quanto menor for a cunha, maior será a eficácia da política monetária. O Brasil tem uma cunha elevada, apesar de ter um sistema bancário competitivo.

Quanto mais intensa for a bancarização, maior será a fração da economia afetada pelo comportamento dos juros e, portanto, maior será o ajuste nas carteiras a cada variação da taxa de juros e maior a potência da política monetária.

A autoridade monetária sobe a taxa básica para diminuir a demanda de crédito e reduzir o incentivo ao consumo. Entretanto, há perversidades que atuam em sentido oposto e anulam parte expressiva de seu efeito de alta. As mais críticas são o tabelamento e a indexação.

A maioria das captações no mercado financeiro é feita com ativos atrelados ao CDI. A cada elevação da taxa de juros, os detentores dessas aplicações têm ganhos de renda, e não perdas, como seria o caso se fossem em títulos prefixados. Isso causa um aumento na sua riqueza e consequentemente um estímulo maior, e não menor, a consumir.

Uma das atividades basais dos bancos é transformar liquidez em empréstimos. Bancos compram, vendem e transformam liquidez, parte de sua eficiência é medida pelos estoques baixos. Não é o que se observa no Brasil. Há mais de uma definição do que é ativo líquido, usando os parâmetros do Banco Mundial, o Brasil tem um número elevado de liquidez 26%, quase o dobro da média mundial, que é 15%. Os balanços do sistema financeiro nacional mostram que menos de 40% dos ativos bancários brasileiros são de operações de crédito.

Um dos papéis importantes de um banco central é o de ser emprestador de última instância. Para tanto, o instrumento mais utilizado é o redesconto. Tanto pelas exigências, que demandam um programa de reestruturação visando a capitalização ou a alienação de controle, como pela reputação que tem no mercado, o redesconto no Brasil não funciona.

Há falhas de mercado que causam equilíbrios de mercados que são ineficientes – poderiam ser melhorados com ganhos para todos os participantes. O exemplo típico usado na literatura especializada é o da pesca predatória, onde a falta de restrições faz com que o tamanho e a quantidade de peixes diminuam ao longo do tempo. Há de se proteger os pescadores dos pescadores, literalmente.

O lucro do SFN está caindo, assim como o número de instituições financeiras diminuiu, a quantidade de agências bancárias declinou e os saldos de concessões e de total de crédito encolheram.

Mesmo operando abaixo da metade de sua capacidade plena, o sistema está em marcha ré e com uma contribuição social negativa. Dois em cada cinco cidadãos e mais da metade das empresas têm anotações de atraso. É um perde-perde para o País e para os acionistas dos bancos. Feita a ressalva de que há exceções.

As perspectivas são positivas, mas não muito. Refletirão apenas os efeitos do crescimento do País e uma redução da inadimplência em uma base de crédito menor. É pouco para o potencial de lucro que o sistema tem.

POLÍTICA CAMBIAL

A política cambial trata do conjunto de ações adotadas para influenciar na determinação da taxa de câmbio, que é o preço para comprar moedas de outros países. Uma moeda nacional valorizada, em que são necessários mais dólares por real, ajuda no controle da inflação e no poder de compra de brasileiros no exterior; uma moeda desvalorizada contribui para aumentar a competitividade das exportações brasileiras e faz pressão nos preços; um câmbio estável facilita planejamento e alarga horizontes; e um câmbio instável é prejudicial.

O Brasil teve vários regimes cambiais ao longo de sua história. Na década de 1950, a política cambial foi usada para fins fiscais. Foram fixadas múltiplas taxas de câmbio, de forma que pela mesma quantidade de dólares, o exportador recebia apenas uma fração do que o importador pagava e a diferença era usada para o caixa do governo.

Na década de 1960, logo após sua criação, o Banco Central fixava a taxa de câmbio em espaços curtos de tempo, acompanhando a inflação e a competitividade da economia brasileira em relação ao resto do mundo. Registraram-se também algumas maxidesvalorizações para corrigir atrasos cambiais, que tinham como efeitos colaterais negativos uma aceleração inflacionária e aumento da dívida dolarizada de empresas e governos.

Em fevereiro de 1986, com o Plano Cruzado, e todos os planos posteriores, o câmbio valorizado teve um papel importante para controlar a inflação. Desde então, o Banco Central tem tido um papel ativo em controlar a taxa e manter um estoque de reservas internacionais.

O último foi o Plano Real em 1994. Num primeiro momento, o Real se valorizou e, a partir de março de 1995, após uma pequena desvalorização, o regime cambial adotado foi uma prefixação da taxa de desvalorização do dólar em cerca de 7% ao ano – que, num primeiro momento, alinhou expectativas e controlou a inflação.

Depois de um tempo, ficou claro que o câmbio estava valorizado. Em vez de corrigir a distorção, o governo adotou uma política mercantilista com reservas elevadas e taxas de juros internas alta para manter o regime.

O resultado foi um desastre. Dezenas de bilhões de dólares gastos, uma turbulência macroeconômica elevada, no final do regime, saídas vultosas de reservas, aumento do desemprego e queda da atividade econômica.

A correção após janeiro de 1999 foi adequada e, depois da mudança, os juros caíram, as exportações aumentaram e o país retomou a possibilidade de um novo ciclo de crescimento sustentado.

A partir de 2003, o regime cambial adotado é uma combinação de câmbio livre, com reservas internacionais elevadas, atuações do Banco Central no mercado futuro e um tratamento anacrônico no mercado à vista. O resultado é que a volatilidade cambial, oscilações do câmbio, é alta, o custo da política cambial é elevado e há baixa eficiência no mercado de divisas.

Política de reservas

O Brasil tem cerca de 20% do PIB em reservas internacionais. Esses recursos geram em média 0,2% do PIB em juros, mas custam 1,4% do PIB, porque são financiados com captações no mercado interno em reais, que tem uma taxa de juros mais alta.

A diferença entre as taxas das reservas internacionais e da dívida pública é da ordem de 6% ao ano. Feitas as contas, o governo paga R$ 75 bilhões por ano, que equivalem a cinco meses do resultado da previdência social. É um valor que pode ser reduzido substancialmente.

É uma política inconsistente intertemporalmente. O custo de manter as reservas dá mais segurança aos investidores e atrai ainda mais recursos. Além da pressão fiscal, valoriza o câmbio e prejudica a indústria brasileira.

O Brasil tem déficit em conta-corrente, portanto, necessita de recursos do resto do mundo. Todavia, o investimento externo que interessa é o que gera novos empregos, traz tecnologias inovadoras e abre mercados em outras partes do planeta. Aplicações que apenas cobram juros e partem ao primeiro estresse não são benéficas.

Além disso, induz uma hipertrofia ainda maior do segmento financeiro do mercado de câmbio em detrimento do setor produtivo. Cada vez mais, é o rabo que abana o cachorro. Em outras palavras, a produção nacional fica à mercê dos humores dos investidores.

O mercado à vista tem um tratamento anacrônico. O governo brasileiro, desde a época em que era Colônia, reprimiu o uso de divisas de outros países e impôs um controle rígido nas relações financeiras com o exterior. As motivações foram a escassez de moedas fortes, a voracidade fiscal e o xenofobismo.

A burocracia era desproporcional e o tratamento dado à posse de divisas era passional, chegando ao ponto de criminalizá-la. O resultado foi uma legislação cambial complexa, obsoleta e inadequada aos interesses atuais do país e um esquema paralelo de negociação e sonegação de divisas.

Houve avanços nos últimos anos: a regulamentação cambial foi simplificada e as relações financeiras com o exterior ficaram menos emperradas. Entretanto, algumas lacunas permanecem. Uma importante é que não é possível abrir contas em moeda estrangeira num banco no Brasil.

Um exportador brasileiro pode ter conta em dólares no exterior, mas não no Brasil. Bancos brasileiros oferecem contas em dólares fora do país, para brasileiros e estrangeiros, mas não podem prestar o serviço aqui. O risco para um banco brasileiro de ter correntistas lá é idêntico ao daqui, entretanto, o ônus é diferente, estamos perdendo uma oportunidade e exportando empregos diretos e indiretos.

Em São Paulo, diariamente, são negociados bilhões de dólares em contratos futuros. Investidores estrangeiros aplicam suas poupanças, em euros, em ativos brasileiros de renda variável e renda fixa, num volume cada vez maior. Fundos brasileiros, em que não há restrições para poupadores residentes aqui, podem aplicar de 10% a 20% de seu patrimônio no exterior. Entretanto, um banco estabelecido aqui não pode oferecer conta em divisas.

Qualquer cidadão brasileiro pode fazer uma compra no exterior diretamente ou por meio da internet, em outra moeda, e pagar com seu cartão de crédito do Brasil, convertendo o valor à taxa de câmbio do dia do pagamento. Pode também ir a um banco autorizado e comprar dólares, euros e pesos argentinos e guardar em sua residência, mas não pode deixar essas divisas depositadas na agência bancária onde fez sua compra. Se quiser poupar para uma viagem ou uma compra futura terá de guardar os pesos ou euros em sua casa. Não faz sentido.

O Brasil possui um sistema financeiro sofisticado e seguro que tem capacidade de oferecer contas em divisas para seus residentes. Há vantagens em autorizar o serviço que devem ser consideradas. A primeira é a criação de empregos primários no sistema bancário e o efeito multiplicador da prestação do serviço a outros setores. A disputa pela oferta de serviços financeiros está se globalizando cada vez mais e quem sair antes abocanhará uma fatia maior do mercado. A autorização de conta em divisas faria com que brasileiros com contas no exterior usassem o serviço local. Além disso, atrairia residentes de países vizinhos a aplicar suas poupanças em bancos sediados no território brasileiro.

Há um ganho em transparência com a autorização de contas aqui. Atualmente, a fiscalização de operações em divisas envolve necessariamente a cooperação de autoridades bancárias de outros países; é mais simples acompanhar as transações internas, mesmo que denominadas em divisas estrangeiras. Outrossim, com a legalização de contas em outras moedas, todo o esquema de doleiros e mercado paralelo será menos utilizado, uma vez que muitas dessas transações migrarão para o sistema oficial.

Há também uma vantagem fiscal a considerar. O custo de carregar essa posição é da ordem de R$ 75 bilhões ao ano (diferença da taxa de juros externa e interna vezes o valor aplicado). Se os residentes pudessem ter as contas em divisas, arcariam com parte do custo, e, dessa forma, proporcionariam uma economia para os cofres públicos.

Uma preocupação com a permissão de conta em divisas era que isso dolarizasse a economia brasileira. Não faz sentido. O nível de dolarização da economia brasileira e da poupança de residentes em ativos no exterior é o mais baixo da América Latina; a razão é que o sistema financeiro brasileiro é sólido e soube preservar a poupança pública. O real é uma moeda forte e o Banco Central do Brasil tem controles seguros de risco cambial. Os argumentos de aumento do risco sistêmico não procedem aqui.

Atualmente, há cerca de 3,5 milhões de brasileiros que vivem no exterior e aproximadamente 1,5 milhão de estrangeiros residentes no país. A autorização de contas em divisas simplificaria sua vida financeira e melhoraria suas relações com seu país de origem. A conta em divisas aqui abre a oportunidade para que mais serviços, atualmente disponíveis no exterior, sejam oferecidos aqui, como seguros e planos de previdência. Enquanto no passado o governo auferia lucros com a reserva de mercado de moeda estrangeira, pois a diferença entre a taxa de compra e de venda era elevada; atualmente, a renda dessas transações é auferida pelo setor privado.

Toda a parafernália cambial surgiu num Brasil em que havia uma escassez crônica de divisas, a abertura comercial com o exterior era mínima e o sistema bancário local era fechado e atrofiado. Atualmente, há abundância de divisas, a integração comercial e financeira é cada vez maior e o sistema bancário brasileiro está se internacionalizando com um padrão semelhante ao dos países mais desenvolvidos. Há bancos brasileiros disputando operações com concorrentes estrangeiros na Argentina, na Europa e nos Estados Unidos. É uma indústria que tem competitividade global demandando um reposicionamento estratégico. É anacrônica a restrição a contas em divisas para residentes no Brasil. Deve ser removida.

O mais importante é mudar o paradigma vigente. Reservas tão altas não protegem o país de corridas cambiais, apenas fazem a alegria de especuladores. Há inúmeros exemplos históricos; um é como o ouro em Portugal, vindo das minas de além-mar, foi parar nos cofres do banco da Inglaterra há três séculos. Travar o mercado à vista tem o efeito de dificultar o turismo e o comércio exterior.

TRANSFORMAÇÃO

Jeca Tatu é um conto inspirador de Monteiro Lobato, é um exemplo emblemático de sua transformação, superando a estagnação em que estava preso. Teve uma tiragem da ordem de 20 milhões de exemplares e há relatos de que modificou a vida de muitos. É verossímil fazer um paralelo entre a história e o Brasil de hoje.

O personagem era dono de um sítio no interior. Possuía os recursos para uma vida com fartura, mas não os aproveitava. Tirava apenas para seu sustento, a sua produção era bem aquém de seu potencial. Contrastando, seu vizinho, um italiano, produzia em abundância e melhorava seu padrão de vida a cada ano que passava.

Nas últimas décadas, o Brasil, país do Jeca Tatu, teve um desempenho aquém de seu potencial e abaixo da média dos demais países emergentes. Possui os recursos: gente, capacidade de produzir, riquezas naturais e acesso a mercados, mas não usufrui de todo seu potencial.

Um doutor diagnosticou o problema do caipira, a ancilostomíase. Popularmente conhecida como "amarelão", é causada pelo bicho--de-pé. Após convencê-lo da causa de seus males, com prescrição da adoção do uso de botinas e de tomar o remédio receitado, curou-o.

Jeca Tatu deu a volta por cima. Mudou tanto que deixou o doutor fascinado, tamanha a mudança, e espantou até o vizinho italiano, que, admirado, admitia nunca ter visto um sítio produzindo tanta abastança. O Brasil é capaz de fazer o mesmo.

O "amarelão" do Brasil chama-se obsolescência. Evolui-se aqui, mas a uma velocidade menor que no resto do mundo. O país não se adapta à velocidade necessária. Há medo de mudanças. Com isso, a defasagem aumenta a cada dia que passa.

A obsolescência é dissonante com uma característica típica do país: a ginga, o jogo de cintura dos brasileiros. Não surpreende a ninguém o desempenho espetacular nesse quesito.

Em concursos de publicidade, em soluções empresariais, em novos produtos e em adaptações a situações difíceis, o Brasil é campeão, não tem rivais. Mas justamente a característica mais forte é a menos utilizada para promover o crescimento.

Pelo contrário, o rebolado tupiniquim é abafado pelo medo à mudança. Num mundo em transformação, a uma velocidade cada vez mais rápida, a obsolescência é a regra aqui. Ilustrando o ponto, no ranking de competitividade do Banco Mundial, o Brasil está caindo de posições, porque os demais países se adaptam mais rapidamente às mutações no ambiente empresarial. Os avanços são mais lentos aqui. É triste, é como ver um aluno talentoso e aplicado ser reprovado. É inadmissível.

Um produto ou uma política se tornam obsoletos quando não são mais adequados às circunstâncias existentes. Ocorre porque o desempenho fica aquém das alternativas. Em oposição, progresso é o processo de adaptação a um estado mais avançado.

A obsolescência pode ter vários motivos, como mudanças na economia e novas tecnologias. Um exemplo emblemático é a bússola, que, na época de sua invenção, foi uma melhoria que possibilitou as grandes navegações, mas, depois do desenvolvimento do GPS (Sistema de Posicionamento Global), virou peça de museu.

Dispositivos utilizando o novo mecanismo de localização possibilitaram ganhos científicos e comerciais. As empresas que se adaptaram ao avanço tecnológico progrediram, as que não, regrediram.

A velocidade de transformação é cada vez mais rápida. Avanços tecnológicos no Brasil e no mundo estão criando empregos e empresas, destruindo outros e mudando o perfil da demanda de mão de obra e da estrutura produtiva. Inovações como Google, Airbnb, Whatsapp, Uber, a inteligência artificial, os *drones* e os robôs estão aumentando as possibilidades de consumo e a produtividade do trabalho.

Pesquisar no Google é mais rápido do que numa biblioteca, a concessão de um financiamento por um algoritmo é mais veloz e objetiva do que por um comitê de crédito, um diagnóstico médico a distância economiza tempo e custos de transporte. A lista é extensa.

Em todas as situações, com as tarefas que envolvem a adoção de uma inovação tecnológica, há um aumento de produtividade ou, o que é o mesmo, uma quantidade de trabalho menor por unidade de produto. Há também uma mudança na estrutura produtiva e uma necessidade de qualificação para a realização das novas atividades.

Não é um processo homogêneo, varia de país a país, de setor a setor e de empresa a empresa. Ele impõe mudanças na forma de trabalhar e nos atributos necessários para produzir. Algumas empresas deixam de existir e de empregar e alguns setores são mais afetados do que outros. Atividades rotineiras e repetitivas tendem a ser eliminadas pela tecnologia.

Profissões como datilógrafos e vendedores no varejo tendem a desaparecer, enquanto outras mais analíticas, como editores e treinadores esportivos vão durar mais, são os mais difíceis de serem substituídos por robôs e computadores.

O raciocínio é que o aumento da produtividade pela tecnologia vai aumentar a renda real dos trabalhadores e a demanda de mais bens e serviços por ele, o que por sua vez criará empregos. É fato que isso acontece em determinados setores e países.

Todavia, isso não quer dizer que é algo que ocorra sempre. Depende se o aumento de produtividade é transferido aos salários, se a geração de empregos é maior do que a eliminação e se as novas posições podem ser ocupadas pelos trabalhadores deslocados pela tecnologia.

O aumento da produtividade é condição necessária para mais bem-estar da sociedade, mas não é suficiente. Um caso muito analisado é o processo de industrialização na Inglaterra, onde se mostra que a melhora nos salários ficou bem aquém dos ganhos de produtividade nos primeiros sessenta anos.

Além dos avanços regulatórios, são necessários investimentos em educação para aumentar a produtividade do capital humano, assim como criar postos de trabalho.

Fazendo um paralelo, um operador com um computador pode substituir com mais precisão o trabalho de dezenas de calculistas. A produtividade desse é dezenas de vezes maior e faz com que dezenas de pessoas, exceto uma, ele, deixem de ser necessárias para efetuar os cálculos. Entretanto, não necessariamente os ganhos de produtividade serão repassados a ele.

Inovações e ganhos de produtividade

Para os países com um desempenho aquém do potencial, a não adaptação cobra seu preço, o Brasil é um deles. O uso da biometria ilustra o ponto. Avanços recentes permitem o reconhecimento rápido e preciso de pessoas pela voz, retina, impressões digitais, desenho facial e pulso. Todavia, sua adoção no País está se tornando um ônus a mais em vez de um ganho de produtividade.

A Justiça Eleitoral, o DETRAN, as polícias e alguns bancos estão adicionando a seus bancos de dados as diferentes características físicas dos cidadãos, multiplicando as mesmas informações em diversos registros.

Uma alternativa mais moderna seria a implantação de um único cadastro nacional de pessoas, com todos os dados biométricos e documentação – RG, CPF, PIS, título de eleitor e outros. Com um só número ou aferição de uma característica física, cada cidadão poderia ser reconhecido com segurança.

Com isso, o País teria um sistema de identificação confiável para toda a sociedade em suas atividades públicas e privadas, que poderia ser utilizado para certificações, prontuários médicos, controles de entrada, prevenção de fraudes e transações financeiras. Como não é feito, todos saem perdendo – dito de outro modo, todos acabam gastando mais e perdendo mais tempo.

Avanços tecnológicos também permitem que a forma de trabalho mude. Trabalho a distância e fragmentado. Ilustrando, a Amazon tem um site, Mechanical Turk, que coloca a execução de tarefas em períodos fragmentados à disposição de uma rede de trabalhadores não especializados, o que lhe permite reduzir gargalos de mão de obra.

Os ganhos de produtividade variam de empresa a empresa e, em alguns casos, aumentam a produtividade dos trabalhadores nesses postos de trabalho. Em outros, significam apenas mais desemprego. Note-se que o Brasil é uma economia aberta e que se os ganhos de produtividade gerados pela tecnologia não forem incorporados, a indústria nacional perde competitividade em relação ao resto do mundo, torna-se obsoleta.

A premência de transformar mudou em razão da abertura econômica. A demora em se adaptar e incorporar ganhos de produtividade, no passado, implicava uma velocidade de crescimento mais baixa que a potencial, atualmente, implica a perda de mercado interno para produtores externos.

Há um acrônimo, VUCA, que são as iniciais em inglês de Volatilidade, Incerteza , Complexidade e Ambiguidade (*Volatility, Uncertainty, Complexity and Ambiguity*), que é usado para descrever como a realidade está se transformando. O termo é de origem militar, foi adotado no mundo empresarial e tem de ser incorporado na política econômica.

Para planejar, é necessário ter mais velocidade ou entendimento da realidade em mutação e da interdependência das variáveis relevantes e cenários abrangentes. Não se pode mais ficar amarrado a paradigmas ultrapassados.

Algo semelhante ocorre com as políticas públicas, que têm de se adequar a uma realidade em transformação. A não adaptação cobra seu preço com um desempenho do país aquém do potencial. A obsolescência das políticas adotadas no Brasil faz com que o país limite sua capacidade de desenvolvimento. Em todos os governos desde o fim da ditadura – Sarney, Collor, Itamar, FHC, Lula, Dilma e Temer, o Brasil cresceu menos que o resto do mundo.

O brasileiro não tem rivais em criatividade, capacidade de adaptação e adequações a situações difíceis. Mas utiliza muito pouco esses atributos para promover o desenvolvimento do país. O país cresce apesar da política econômica, mas poderia crescer mais graças a ela.

A realidade exige educação e condições para produzir – leia-se reduzir a burocracia, racionalizar a tributação e melhorar a infraestrutura legal, enfim, uma adaptação das condições produtivas brasileiras ao século 21. Condições materiais, vontade de trabalhar e capacidade de se adaptar sobram.

Com isso, trabalhadores e empresários farão acontecer da mesma forma que o Jeca Tatu ao se livrar do "amarelão". O país não pode continuar emperrado por decisões tomadas no passado, é anacrônico. A realidade é outra: o mundo mudou, e a ordem do dia é atualizar políticas, instituições, regras, privilégios e obrigações. Soltando travas do passado, o Brasil do futuro virará o Brasil do presente. Pode maravilhar o mundo, como o Jeca Tatu surpreendeu o vizinho italiano.

POLÍTICA DE DESENVOLVIMENTO

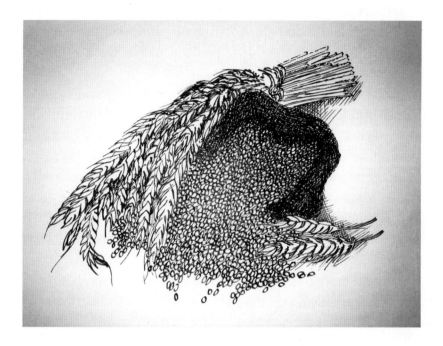

A combinação das políticas fiscal, monetária e externa é chamada de "policy mix" ou do tripé macroeconômico. É condição necessária para um país crescer, mas não suficiente para o desenvolvimento de todo o potencial do Brasil. Tem de ser complementada com políticas de transformação ou de desenvolvimento.

Um dos maiores defensores de políticas de desenvolvimento foi o autor de Jeca Tatu, Monteiro Lobato. Em 1914, o jornal *O Estado de São Paulo* publicou uma carta dele com o título de "Praga velha". Era um inconformado, que, logo no primeiro parágrafo, reclamava que a todos em nossa terra não sobravam olhos para enxergar os males caseiros.

Autodenominou-se uma voz do sertão para dizer às pessoas da cidade os problemas do país. Ao artigo seguiram outros e depois livros. Monteiro Lobato, um ilustre paulista, nacionalista apaixonado, acreditava que o Brasil podia fazer melhor.

Inconformado, fez campanhas pelo petróleo brasileiro, por melhorias na saúde, por divulgação da cultura, por sustentabilidade na agropecuária e pela criação da siderurgia local, entre outras. Em algumas, teve sucesso notável.

Também deixou uma vasta obra literária. Seu legado mais importante foi sua influência no pensamento nacional de que é possível melhorar o país sonhando. Uma frase dele resume bem: "Tudo tem origem nos sonhos. Primeiro sonhamos, depois fazemos." Hoje, o Brasil está à procura de um sonho.

Sobejam motivos para o inconformismo: uma educação fraca, a saúde com remendos, a dívida pública subindo, a indústria nacional encolhendo, uma parcela crescente do PIB em juros para rentistas, privilégios sem sentido, corrupção impune e encolhimento do potencial do país, para citar alguns.

Está gerando um círculo vicioso de menos confiança no futuro, menos investimento e menos crescimento. Os inconformados estão certos em que o quadro está ruim; mas o país não.

O cenário internacional é favorável e o potencial interno existe. É possível um futuro promissor. Para tanto, é necessário acabar com a velha praga brasileira que é o conservadorismo, a aversão a mudanças. A realidade mudou e o país pode se transformar e avançar.

A primeira modificação a ser feita é na campanha eleitoral. Tradicionalmente, os candidatos a liderar o país apresentam propostas difusas com boas intenções para agradar eleitores. Prometem mais do mesmo, com o discurso de que é melhor ser rico e saudável do que pobre e doente. É necessário mais.

Falta um sonho de Brasil, um projeto de futuro, um programa de governo crível, um documento coeso identificando as oportunidades e os problemas a serem superados e detalhando as soluções, as definições de como chegar lá, seu sequenciamento e a quantificação das variáveis.

Os quatro I's

O momento atual é oportuno para a construção de um sonho. A conjuntura internacional é favorável para isso. Os preços de commodities estão em alta, o de produtos industriais em queda, há liquidez abundante, a aversão ao risco está baixa e o comércio internacional está crescendo a taxas elevadas.

O quadro externo está dando um impulso à economia brasileira. Lembrando que o desenvolvimento de um país é a soma dos quatro I's: Impulso externo, Instituições, Investimento e Inclusão.

O País já teve outros impulsos externos como os dados pela cana-de-açúcar, o café, o algodão, o ouro e a borracha. Cada um deixou seu legado. O caso da borracha é emblemático. Num primeiro momento, teve-se bonança: empregos, exportações (a borracha chegou a responder por 25% da pauta de exportações), recursos para o governo (o Acre era o 3º maior contribuinte da União) e um estímulo beneficiando a região amazônica nas atividades de apoio na produção e no comércio.

O impulso foi desperdiçado. Num segundo instante, sementes de seringueira da Amazônia foram levadas e plantadas na Malásia. Lá a produção do látex foi organizada de forma mais eficiente. Depois de algum tempo, a borracha asiática chegava aos mercados internacionais com preços mais baixos que a brasileira. Não tardou para que uma crise assolasse a região norte do Brasil. O fato é que o legado da borracha foi acanhado: a urbanização de Belém e Manaus e o desenvolvimento da rede de transportes fluviais na região. Um resultado pífio.

O atual impulso externo deve durar algum tempo mais. Entretanto, os números mostram que seu impacto está arrefecendo e sendo mal aproveitado. Uma análise da composição da balança mostra que a exportação de produtos básicos – com baixo valor agregado – está crescendo mais rapidamente que a de produtos manufaturados, aponta também que a importação de bens de consumo cresce a taxas mais altas que a de bens de capital. É uma aposta arriscada confiar em termos de troca tão favoráveis como estratégia de crescimento.

O segundo I, Instituições, é um propulsor importante do crescimento; as reformas no Leste Europeu e seu crescimento posterior ilustram o ponto. Atualmente, o País está praticamente parado em avanços institucionais. Nos rankings de indicadores de competitividade empresarial, o Brasil está perdendo posições; no último levantamento do Banco Mundial (*Doing Business*), caiu para o posto 125.

As mudanças institucionais não acompanham as transformações da economia. Produzir no Brasil consome muitos recursos em excessos de formalismo, regulamentações banais, restrições triviais e normas burocráticas antiquadas. O reflexo é que intenções de investimento no País, apesar de seu potencial, diminuem. É consequência da "doença colonial portuguesa".

Portugal, para garantir o controle na exploração econômica do Brasil, utilizou-se de uma regulamentação rígida e uma fiscalização severa. A influência dos colonizadores ainda se faz sentir com a "doença colonial portuguesa" um exagero de leis, decretos, atos normativos, impostos, taxas, alvarás, registros, cartórios, guias e fiscalizações, que oneram desnecessariamente a atividade produtiva.

Para conviver com a doença, o Brasil tem 421.899 advogados, mais que o total de médicos para cuidar de todas as demais enfermidades. A esse número devem ser acrescentadas centenas de milhares de servidores do judiciário, de funcionários públicos, de empregados de cartórios, de fiscais e de despachantes para auxiliar na observância da lei. Mesmo assim, o número é insuficiente, atualmente há 86,6 milhões de ações em andamento no Judiciário, e a quantidade aumenta a cada ano.

Comparações internacionais mostram que o Brasil está entre os melhores do mundo em sofisticação empresarial, capacidade de inovar e tecnologia e entre os piores em rigidez da regulamentação, burocracia e entraves empresariais. Um empreendedor que quer começar a produzir, pagar impostos e empregar é sufocado pela doença colonial portuguesa, aqui, enquanto a indústria do resto do mundo vai ganhando terreno.

Os sintomas da doença são a pressão de custos e a rigidez. Numa economia cada vez mais sem fronteiras, reduzir despesas e adaptações rápidas são condições necessárias para usufruir de seus benefícios. Alguns paliativos, como barreiras temporárias e créditos subsidiados, podem retardar o processo de desindustrialização, mas uma reversão permanente exige a cura da doença colonial portuguesa. O remédio é a modernização do quadro institucional brasileiro.

Há avanços em competitividade, mas a uma velocidade menor que o resto do planeta, o que faz com que o Brasil ande para trás nos rankings. Num mundo cada vez mais plano, investimentos em novas empresas são canalizados para onde é mais fácil produzir. Como há, proporcionalmente, mais entraves aqui que em outros países, a dificuldade em atrair esses recursos é maior. Fazendo com que migrem para outros destinos.

Melhorar a competitividade da economia deveria ser outra prioridade, mas nem sequer está no radar. O Brasil caiu no ranking do Fórum Econômico Mundial, que mostra, por um lado, que o país tem uma sofisticação empresarial comparável aos países mais ricos e, por outro, uma burocracia semelhante à dos mais pobres. A obsolescência de alguns arranjos institucionais é incompatível com a ambição de um crescimento sustentável. O progresso é impossível sem mudanças.

O Investimento, o terceiro I, está num gargalo, e com investimento baixo não pode haver crescimento alto. Há uma incompatibilidade entre a estrutura de gastos públicos, o aumento das despesas de custeio, a capacidade de arrecadação e endividamento do governo e um aumento expressivo no volume de investimentos públicos; a solução das PPP's – parcerias público-privadas – está engatinhando ainda; e o setor privado é limitado pela carga tributária e o quadro institucional obsoleto. A consequência é que a taxa de investimento do Brasil está baixa, pouco acima da metade da chinesa, o que explica parte do diferencial de crescimento dos dois países.

A Inclusão social é o quarto I. São necessárias ações para aumentar o capital humano, melhorar sua produtividade e, com isso, aproveitar oportunidades, superar desafios, difundir o crescimento e produzir efeitos positivos na questão distributiva.

A inclusão que gera desenvolvimento não é um assistencialismo que cria dependência, e sim uma inserção produtiva das camadas mais baixas em que a educação e condições de empreender são os atores-chave. Não há mágica que faça um país crescer sustentadamente sem pessoas capacitadas para produzir e usufruir suas riquezas.

Falta um plano de futuro para transformar o impulso externo em um impulso interno autônomo, com outras fontes de crescimento. Vive-se o aprofundamento de um modelo ultrapassado.

A boa notícia é que o impulso externo, mesmo com um ímpeto mais fraco, deve continuar por alguns anos, dando tempo para fazer acontecer. Atualmente, não existe um risco recessivo com a capacidade da economia global em continuar gerando riquezas por mais alguns anos. Contudo, para não voltar a mais uma oportunidade perdida, deve-se atuar. As condições favoráveis, por mais excepcionais que sejam, não garantem o êxito. É o que ensina a história.

A CRISE E SUA SUPERAÇÃO

O País está superando vagarosamente a crise. O PIB cresceu um pouco no ano passado, vai crescer mais este ano e nos próximos, abaixo da média mundial e bem aquém de seu potencial. O motivo é que o diagnóstico da crise está incompleto, contudo, se forem feitos algumas adaptações na política econômica, isso pode ser corrigido.

A crise fez com que o PIB nacional, que já crescia menos que o do resto do mundo, encolhe-se, causando o desemprego de milhões e o fechamento de dezenas de milhares de fábricas, comércios e empresas de serviços. Em relação a produção de bens e serviços está no mesmo patamar do que sete anos atrás.

Leon Tolstói escreveu que todas as famílias felizes são parecidas e que as infelizes são infelizes cada uma a sua maneira. O mesmo vale para crises e superação. A que a economia brasileira atravessou e está superando é peculiar. É importante entender bem as causas para poder corrigir os defeitos e, dessa forma, acelerar a retomada.

É quase consensual entre os analistas que é a dinâmica fiscal que gera falta de confiança e que deve ser enfrentada. Dessa forma, o juro de longo prazo cairia, o investimento seria retomado, o que aceleraria o crescimento e o emprego. É um diagnóstico incompleto.

Embora a dívida pública seja um problema que deve ser enfrentado, não é o maior responsável pela recessão que o país atravessa. Mesmo que seja estabilizada, isso por si só não vai garantir uma recuperação vigorosa do emprego e da economia. É necessário aprofundar o diagnóstico e aprimorar a política econômica.

Note-se que o governo brasileiro sempre ficou adimplente. Todavia, a dinâmica fiscal piorou após o início da crise e se agravou mais a partir de 2016. É consequência e não causa dos problemas. Os gastos começaram a crescer como uma reação equivocada à desaceleração da economia e as receitas a cair por conta do encolhimento da atividade econômica.

Até 2013, inclusive, receitas menos despesas primárias apresentavam um saldo positivo, portanto, contribuíam para reduzir o coeficiente de endividamento do governo e não a aumentá-lo. Em janeiro de 2011, a dívida estava em 53% do PIB, na véspera do início da crise, marco de 2014, era de 52% do PIB, portanto menor.

Em outubro de 2017, alcançou 74% do PIB. As projeções sobre seu crescimento, feitas pelo FMI, aumentaram e apontam que alcançará 97% do PIB em 2022. A rápida expansão da dívida pública é resultado da combinação de quatro elementos, o gasto público e os juros, que aumentam a razão, e a receita do governo e a expansão do PIB, que a reduzem.

Causas da crise

A dívida pública cresceu por conta de um aumento do gasto primário, é fato. Mas também cresceu por um aumento das despesas com juros, pela queda das receitas com impostos e pelo crescimento menor da economia.

O Brasil, mesmo com a redução e estar num piso histórico, tem uma taxa de juros básica mais alta do que em outros países. Em parte, isso se deve a mecanismos de transmissão menos eficientes, resultado de uma estrutura de transmissão obsoleta. Com juros mais altos, a dinâmica da dívida se torna mais acelerada.

A causa conjuntural básica da crise, determinante no encolhimento do PIB, foi a dinâmica do setor financeiro. Todos os sintomas de uma crise de crédito estão presentes no processo: desalavancagem, redução de estoques, elevação dos critérios de concessão e morosidade generalizada.

É um processo em que o encolhimento e o encarecimento da oferta de crédito se refletem em menos estoques e atividade. Com isso, encomendas caem e toda a cadeia produtiva se esfria. Note-se que os estoques começam a diminuir antes do começo da crise. Refletem o processo de desalavancagem, causada por dificuldades de caixa. Esse processo diminui a demanda de produtos, com isso os níveis de atividade caem e o PIB encolhe como consequência.

Os números apresentados pelo Banco Central do Brasil mostram que o aumento de margens começou a subir antes da crise, como antecipação de problemas das instituições financeiras para manterem sua rentabilidade. Todavia, no conjunto, agravaram as dificuldades.

Os números da inadimplência são assustadores. São cerca de 60 milhões de pessoas físicas e 5 milhões de pessoas jurídicas com anotações no Serasa. Com o nome "sujo", empresas e famílias têm seu acesso ao crédito comercial dificultado ou totalmente negado. Dessa forma, obrigando uma redução de estoques compulsória.

O aumento da inadimplência começou antes da crise. Em 2010, quando a economia cresceu 7,5% as anotações para empresas de bancos aumentaram 12,4% e de não bancos 30,9%. A inadimplência subiu para o setor bancário em 3,3% e para o setor não bancário 53,0%.

Os números de recuperações judiciais requeridas apontam que começaram a subir antes da crise; é a causa dela, e seu agravamento, consequência. É um redemoinho perverso que urge parar.

Se for considerado que a maioria das empresas que entram em recuperação judicial acaba, mais cedo ou mais tarde, falindo, as sequelas dos problemas financeiros são permanentes.

As causas da crise de crédito podem ser explicadas por um conjunto de quatro fatores, um choque de oferta, um equilíbrio perverso, a diluição de dívidas e a raiz de todos os problemas, a obsolescência do quadro institucional do sistema financeiro.

O choque de oferta foi causado pelas incertezas políticas e a operação Lava Jato deteriorou a qualidade de crédito de um conjunto considerável de empresas, em especial a cadeia Petrobrás, que consiste de cerca de 20 mil empresas fornecedoras e as grandes construtoras, responsáveis por 5% do PIB.

A busca de lucro maior do que a produtividade da economia, de alguns participantes do mercado financeiro, não necessariamente todos, leva a resultados perversos, em que lucros econômicos imediatos limitam resultados sustentáveis.

São situações de deterioração da confiança, em que a atuação de cada banco, tentando melhorar a sua condição, piora a do conjunto. Como muitos elevam os critérios de concessão, há um enxugamento no mercado, e tomadores solventes, sem a redução da oferta de recursos, ficam inadimplentes por um problema de liquidez. Seus créditos não são renovados e não têm como pagar.

A dinâmica do sistema precisa ser vista como presente e futuro, a situação do crédito não é uma relação de equilíbrio. Ao maximizar o ganho presente sem avaliar que no longo prazo a demanda vai cair em função da incapacidade de pagamento.

O processo de diluição de dívidas é resultado da fragmentação do sistema e da dinâmica da crise, o conjunto de financiamentos apresentou uma deterioração de sua qualidade sistêmica. Como tomadores têm múltiplos relacionamentos financeiros, quando sentem dificuldades em obter recursos em um tomador, recorrem a outro que empresta em condições piores. Com isso, a qualidade de crédito de toda sua dívida piora.

Usando a analogia da pesca. Não é necessário que todos os pescadores pratiquem a atividade de forma predatória; basta que alguns assim o façam, para que todo o conjunto seja prejudicado. No crédito, todo o conjunto é prejudicado se uma parte dos ofertantes de financiamentos impuser condições draconianas aos tomadores. Pois pioram a qualidade do todo.

A inadequação institucional da intermediação financeira é a raiz mais importante dos problemas. É praticamente a mesma da época da inflação alta, com prazos curtos, múltiplos indexadores, moeda remunerada, tributação ruim, compulsórios draconianos e uma regulação inadequada.

O SFN está experimentando uma crise de crédito apesar de ter capacidade ociosa e estar na metade de seu potencial de oferta de financiamentos; porem alguns segmentos se mostram viáveis e com inadimplência baixa.

Nesse modelo, os bancos compensam as perdas crescentes com a morosidade com elevações de taxas para tentar manter a lucratividade. No entanto, é uma espiral que acaba limitando a expansão do sistema e da economia.

Agravando, deve-se acrescentar a obsolescência e algumas distorções do quadro institucional do sistema financeiro e retrocessos como perdas de transparência, distorções tributárias e regulamentações inconvenientes nos últimos anos.

O ponto é que a dinâmica do crédito é perversa, mas pode ser corrigida e deixar de ser parte da causa dos problemas do País e contribuir positivamente para a saída da crise. É paradoxal, mas a relação crédito/PIB é baixa, e há potencial de crescer se mudanças adequadas forem feitas.

A solução consiste de quatro componentes. O primeiro e mais importante é reconhecer que o problema existe. Os outros três são fazer a transição do modelo populista para o de crédito responsável, renegociar amplamente as dívidas e corrigir distorções institucionais.

O Brasil não pode prescindir dos bancos se tiver ambições de crescer. É uma agenda complexa, que outros países adotaram com sucesso e que também poderia ser implantada aqui.

Muitas das medidas só dependem do Poder Executivo e algumas podem ser adotadas rapidamente, dando um fôlego financeiro à atividade econômica.

Não é a crise que piorou o crédito, mas é o modelo de crédito populista que catalisou a crise. É possível mudar e fazer a coisa do jeito certo. Há mais a ser feito. Mas começar de novo vai valer a pena, se for feito o que tem de ser feito.

Medidas urgentes

O país está no que é conhecido como um equilíbrio perverso, onde todos – governo, cidadãos, empresas e setor financeiro – poderiam estar numa posição melhor se alguns ajustes fossem feitos.

Três medidas urgentes provocariam um choque reduzindo taxas, peso da dívida, alongando prazos e melhorando a rentabilidade dos bancos. Consistem em: A. uma redução de custos; B. uma tributação de aplicações e C. uma reestruturação de dívidas, que devem ser complementadas com D. uma mudança do paradigma do SFN.

A. É condição necessária para baixar preços, reduzir custos. Nesse sentido, o IOF sobre o crédito é cobrado do devedor junto com o resto do financiamento, mas é pago pela instituição financeira, na quase totalidade das vezes, antes de receber.

Para tanto, o tributo, além de onerar o crédito, tem acrescido os custos do financiamento; supondo um empréstimo à taxa de 100% ao ano, para cada real de IOF, um real a mais é cobrado para embutir, além dos custos do financiamento, riscos, alocação de capital, margens e outras despesas operacionais.

Há outro aspecto importante que é a iniquidade da tributação. Está se cobrando impostos de quem não tem recursos, um despautério. A proposta é que seja eliminado o IOF sobre o crédito.

Uma segunda redução de custos é zerar os compulsórios. Apesar de serem remunerados, não cobrem os custos de captação. Dessa forma, geram despesas operacionais que acabam repassadas às taxas de juros. Os compulsórios já não fazem parte dos instrumentos de política monetária em quase nenhum país do mundo, e aqui correspondem a cerca da metade do crédito livre de pessoa jurídica. Falta liquidez na economia e ao, mesmo tempo, há quase 400 bilhões de reais bloqueados no Banco Central do Brasil.

Na época de inflação alta, os compulsórios cumpriam o papel de um "imposto" ao lucro extraordinário propiciado pela senhoriagem aos bancos. Atualmente, o ganho com esse imposto é menor que a perda com outros que deixam de ser arrecadados por conta do freio ao crédito causado pelos encaixes obrigatórios.

O uso de recolhimentos compulsórios como forma de tributação é bem descrito na literatura econômica. Além do efeito custo, há também um efeito liquidez ruim. A experiência internacional aponta para uma eliminação dos recolhimentos compulsórios como um instrumento de política monetária devido aos seus efeitos. A União Europeia possui uma efetiva taxa inferior a 2% e países como Suíça, Austrália e Canadá já os aboliram. Ao mesmo tempo, o Brasil possui os mais elevados recolhimentos compulsórios no mundo.

O terceiro componente de redução de custos é a eliminação das distorções do crédito tributário. A lógica é que colocando restrições aos prejuízos de crédito que podem ser deduzidos do lucro bancário, a receita posterga a dedução de prejuízos fiscais para os bancos e adianta receitas para o fisco e, dessa forma, aumenta a arrecadação.

Essas regras tributárias penalizam as instituições quando a inadimplência aumenta, quando a prescrição correta do ponto de vista macroeconômico seria de que as beneficiassem.

Note-se que as três medidas de redução de custos dependem apenas de medidas da Receita Federal e do Banco Central.

B. A estrutura de captações do SFN é iníqua, é da época da inflação alta. Há exatos 26 anos, tanto a taxa Selic como o CDI superaram os 3.000% ao ano. Era necessária na época para preservar a moeda nacional.

Todavia, passado um quarto de século, permanece a mesma com múltiplos indexadores, remunerada de curto prazo e instável. Fazia sentido na época em que a dívida pública era, literalmente, rolada diariamente por meio do mercado financeiro, em razão do déficit público elevado e da baixa classificação de risco do país, que tornavam a escassez de poupanças crônica e crítica.

A captação de poupança no sistema financeiro tinha de oferecer condições muito favoráveis para atrair os recursos excedentes do público. São outros tempos agora, entretanto, o padrão de originação perdura.

Ilustrando, a maioria dos depósitos bancários de PF e PJ tem cláusula de resgate antecipado, podem ser sacados imediatamente de uma hora para a outra; assim como quase a totalidade são pós-fixados.

Analisado sob a ótica da dinâmica bancária faz sentido emprestar por prazos curtos. Trabalham "casados", captando uma moeda líquida e com preço variável e emprestando os recursos da mesma forma com uma margem. É um sistema que opera com baixos riscos de crédito e de mercado (moeda, prazo e taxa de juros), adapta-se rapidamente aos humores do mercado e dos preços e dá solidez ao SFN.

Para mudar essa dinâmica, é necessário alterar as condições de tributação com IOF e a indexação.

Do ponto de vista dos depositantes no Brasil, é o melhor dos mundos, uma moeda remunerada com liquidez imediata e sem risco de taxa, mas, para os bancos, é uma matéria-prima cara que exige um caixa alto, para fazer frente a saques inesperados, e limita os prazos de aplicação.

Além do custo alto e dos prazos curtos, há outro problema grave: a moeda remunerada faz com que o efeito renda da política monetária seja perverso. Quando aumenta a taxa básica, eleva a renda dos aplicadores e o incentivo a consumir sobe em vez de diminuir. Isso é parte da explicação de porque a taxa de juros neutra no Brasil é mais alta do que na maioria dos países.

Nesse sentido, a proposta é colocar uma alíquota de IOF de 99% do rendimento de todas as aplicações para qualquer prazo igual ou inferior a 181 dias. Outra solução é vedar qualquer tipo de remuneração por prazos inferiores a seis meses. Com isso, haveria um alongamento de prazos e uma redução da volatilidade das aplicações financeiras.

Há também outro problema que é a injustiça do sistema de tributações de aplicações. A quase totalidade dos países isenta ou subsidia empréstimos. O Brasil atua no sentido oposto: em vez de tributar quem tem disponibilidades abundantes, o governo tira recursos dos tomadores de crédito que necessitam deles para fazer frente a dificuldades temporárias de caixa, para antecipar decisões de consumo ou para investir. O tomador de crédito é penalizado. Um despautério.

Enquanto, o rendimento do trabalho tem uma alíquota máxima de 27,5%, o resultado de investimentos no mercado financeiro tem uma carga de impostos menor, em alguns casos, os investidores não pagam um centavo pelos juros recebidos.

Nesse sentido, uma alíquota única de 28% promoveria justiça social e geraria recursos que, com o deslocamento do IOF do crédito para as aplicações, devem aumentar a arrecadação em cerca de 1,5% do PIB.

C. A dinâmica do crédito às taxas praticadas atuais e com elevada inadimplência pode ser revertida sem perdas de capital para os bancos. Todas as dívidas teriam o prazo estendido para 30 meses e as taxas de juros seriam reduzidas para 26,8% ao ano (2,0% ao mês) para PJ e 42,6% ao ano (3,0% ao mês) para PF, com a proibição de operações casadas.

Uma operação que tem uma taxa de 289,6% ao ano, no rotativo ou no cheque especial, tem um peso de R$ 1.120,00; com a renegociação, cai para 44,6% ao mês.

Note-se que o valor nos balanços dos bancos permanece o mesmo e, apesar das quedas das taxas das operações, há um aumento da adimplência esperada, que mais do que compensa.

O redemoinho de dívidas cada vez mais caras, com mais inadimplência e prazos curtos, é revertido rapidamente. Há uma limpeza (*clean up*) das carteiras dos bancos. É paradoxal, mas apesar do Brasil ter um dos custos de crédito mais altos do planeta, prazos são um problema maior que taxas de juros. Há uma circularidade no argumento, prazos curtos também explicam custos, inadimplência e taxas altas. A renegociação resolveria o problema e mudaria a dinâmica.

O efeito dessas três medidas, que podem ser tomadas rapidamente, são consideráveis. A adimplência sistêmica subiria rapidamente e haveria a reinserção econômica de mais de quatro milhões de empresas e quase sessenta milhões de cidadãos, que atualmente têm restrições de crédito. Induz a uma recomposição dos estoques de fábricas, comércios e indústrias.

Há uma reversão de expectativas e uma injeção de confiança, assim como mais crédito, mais barato e mais longo. Há também mais justiça social, com uma tributação mais justa.

No curto prazo, há um aumento da rentabilidade e da legitimidade do SFN. Para que o quadro não volte a acontecer depois de um tempo, são necessárias duas mudanças estruturais importantes. Uma é fazer a transição da intermediação da época da inflação para a atual.

D. Melhorar a indústria financeira é possível e viável, para tanto, o fundamental é mudar o paradigma vigente, de uma intermediação num ambiente instável, onde o importante era a solidez, a rentabilidade e o curto prazo, para outro, adequado aos tempos atuais, onde além de sólido e rentável, é necessário foco no longo prazo, e em sua função social de inclusão bancária, estabilidade da oferta de crédito, inovação e globalização. É possível e é viável melhorar e muito a oferta de crédito no Brasil.

A agenda é extensa e inclui redefinições do papel dos bancos estatais, do cadastro, do câmbio, da certificação, da concorrência, da conta cidadã, do cumprimento da lei n. 4.595, da desfragmentação dos relacionamentos, do entulho inflacionário, da inclusão, da indexação, da legitimação dos bancos, de manter a marcação original, de metas, de modernização, de potência da política monetária, da poupança, da precificação de operações da proteção ao consumidor, do redesconto, da regulação, da responsabilização, de subsídios cruzados, de tabelamentos e de transparência, para citar alguns.

É possível atender demandas de acionistas, clientes, bancários e banqueiros e de todos os demais segmentos da sociedade, dar contribuição ao desenvolvimento e aumentar o desempenho em eficiência, custos, solidez, estabilidade, transparência e inclusão.

A "GLOCALIZAÇÃO"

A maior atenção da política econômica está em Brasília, todavia, nos municípios, o desafio de gerar as condições necessárias para o desenvolvimento também está presente. As localidades têm de pensar "global" e atuar "local". A análise vale para estados da federação também.

As estatísticas do IBGE – Instituto Brasileiro de Geografia e Estatística – mostram uma heterogeneidade no crescimento do PIB dos diversos municípios. Alguns crescem várias vezes acima da média do país, e outros, abaixo. Não é um processo uniforme em todo o país. Há dois conjuntos de fatores explicando as diferenças na evolução do crescimento das cidades: os exógenos e as políticas econômicas adotadas.

O ambiente externo influencia o desempenho com intensidades variáveis. A receita de impostos gerada pelo petróleo explica boa parte do crescimento de algumas cidades, assim como o preço dos produtos agropecuários determina a melhora na renda de outras.

Um fator exógeno ao município – elevação do preço de sua produção ou a construção de uma obra importante próxima – provoca um impulso em seu desenvolvimento. O impulso vem de um fator fora de controle (exógeno) e é absorvido, propagando-se a outros setores da comunidade local com maior ou menor eficácia, dependendo da habilidade de sua gestão.

O outro fator é uma condução municipal eficiente que, com ou apesar da influência externa, pode gerar resultados surpreendentes, em razão de ações pontuais. O governo local é o agente responsável por desenvolver e implantar a estratégia para o desenvolvimento da cidade, aproveitando as oportunidades de acordo com suas características. Com isso, faz acontecer, e o município se desenvolve. Situações parecidas nem sempre geram respostas semelhantes de prefeitos de diferentes cidades.

Abundam exemplos de cidades no mundo que fizeram acontecer com estratégias adequadas às oportunidades que apareceram. Singapura e Hong Kong ilustram o ponto para cidades grandes, há muitas outras médias e pequenas. Todas as de sucesso têm um elemento em comum: capital humano focado.

Seu objetivo é atrair e reter os talentos essenciais, dar condições locais para gerar sinergias, melhorar o ambiente e coordenar esforços em uma direção. Pode ser o lazer como em Dubai, ou o conhecimento como em Boston, ou ainda a política como em Tóquio. É um erro pensar que oportunidades e vocações são iguais para todas.

Não existe uma fórmula única, o sucesso está na diferenciação. O lema de algumas cidades ilustra o ponto: Barcelona "Um bom investimento"; Canyon Lake, "Um pedaço do paraíso"; Florença, "Uma cidade de caráter"; Roma, "Todos os caminhos levam a Roma"; Bluffton, "Um estado de espírito"; Buenos Aires, "A rainha do Prata"; e Paris, "A cidade luz".

Nova Iorque, "Capital do mundo", é um caso emblemático. Era próspera, entrou em decadência e conseguiu dar a volta por cima. A mesma estrutura física de décadas hoje abriga uma cidade pujante.

O mérito é de gestões focadas em fazer acontecer, independentemente do ambiente adverso. É falsa a noção de que o país cresce e cada cidade necessariamente também, a maior parcela de seu desenvolvimento é mérito da administração local.

Num cenário mundial de câmbios, inclusive da função das cidades, urge uma estratégia para usufruir as oportunidades e evitar a obsolescência e o declínio. Propostas de gestão malemolentes e acomodadas certamente produzirão resultados pífios, apenas as aguerridas e ambiciosas podem conseguir um bom desempenho para o município, mesmo que o resto da economia ande de lado.

Como fazer

A política municipal de Campinas, no final da década passada, é um bom exemplo de gestão aguerrida e ambiciosa. Sua prefeitura fez uma análise técnica, com auxílio de uma consultoria, dos pontos fortes, dos pontos fracos, das ameaças e das oportunidades. Definiu os eixos de desenvolvimento da cidade. Focou em ações que induzissem o crescimento e melhorassem a qualidade de vida.

Na atração de investimento, apoiado em um estudo externo dos fatores relevantes, de gestão e de indicadores de desempenho, executou uma agenda com orientação a investidores: incentivos fiscais específicos; incubadora de empresas; elaboração de um guia de investimento em português, inglês e chinês; *Road shows*; melhoria da qualidade do gasto público; plano de infraestrutura ambicioso; e ações sociais.

Com isso, obteve uma taxa de desenvolvimento superior à média do resto do país. Galgou posições nos diferentes rankings de cidades para investir. A ação local teve um papel central e deve ser vista como uma forma complementar de alavancar o desenvolvimento do Brasil.

Na política de gestão municipal, a palavra de ordem é pensar globalmente, mas atuar localmente. O termo «glocalização» combina as palavras «global» e «localização», é usado por algumas companhias para explicar suas estratégias e resume bem o desafio das administrações municipais num contexto de abertura externa e globalização. As transformações impõem um novo padrão de gerenciamento das cidades, novos paradigmas são necessários.

A gestão local é habilidade do governo municipal de dar vida aos projetos, de atuar em sintonia com os vereadores, de oferecer bons serviços aos munícipes, enfim, de adicionar valor aos recursos dos contribuintes. Enquanto a maioria das prefeituras reage a problemas, outras poucas geram resultados surpreendentes, aproveitando oportunidades e fixando prioridades bem definidas e, dessa forma, garantindo um futuro mais abastado a seus munícipes.

A atuação local é importante para crescer e melhorar a qualidade de vida e há desafios complexos nas políticas municipais. A abertura e a globalização têm impactos fortes e céleres no ambiente empresarial, na expansão dos mercados e da concorrência, na tecnologia, na demografia e nas formas de gerar valor que exigem uma adaptação na gestão local. Todas as atividades que geram valor num país estão nos municípios.

Outro exemplo é o que poderia ser feito em São Paulo. Uma sugestão para crescer e, a seguir, outra para melhorar a qualidade de vida de seus munícipes. A cidade apresenta um potencial como centro financeiro regional.

Está bem localizada, dispõe de uma infraestrutura conveniente: aeroportos, hotéis, telefonia, etc. e concentra a atividade financeira brasileira. A quase totalidade dos bancos privados nacionais, bem como outras instituições complementares – a B3, as *clearings* de ativos e câmbio e a Câmara Interbancária de Pagamentos – têm sua sede na capital paulistana.

A primeira proposta para tanto é criar uma jurisdição *offshore* em São Paulo, no centro velho, com características especiais e operações semelhantes às dos demais paraísos fiscais. Seria uma versão brasileira do que é feito em Hong Kong e em Londres. O território da jurisdição pode ser pequeno, alguns quarteirões, já que a maioria das empresas e fundos *offshores* tem como domicílio legal uma caixa postal apenas.

Seria uma "Zona Franca Financeira", com legislação, tributação e regulamentação semelhantes às de centros financeiros *offshores* existentes, que teria uma estrutura prudencial e de gestão de liquidez adequada e solução de conflitos em outros foros jurídicos internacionais.

Também conhecidos como paraísos fiscais, são jurisdições com tributação baixa ou nula, com uso de divisas de vários países e com serviços empresariais e comerciais especializados para não residentes e fundos de investimento em grande escala.

Há estimativas de que entre um décimo e um terço da riqueza do planeta está aplicado neles e uma proporção maior do comércio mundial passa por esses locais. Há transações feitas para esconder recursos, algo que está ficando cada dia mais difícil e deve continuar a ser combatido.

Todavia, a grande maioria das operações é motivada por vantagens tributárias, diversificação de carteiras, facilidades para transferências, segurança jurídica, agilidade e simplicidade de normas. Num dos centros, as Ilhas Cayman, mais de vinte bancos do Brasil têm agências e ou subsidiárias, com o pleno conhecimento do Banco Central e da Receita Federal. Milhares de contribuintes brasileiros também informam, nas suas declarações de renda, as aplicações nesses locais.

Há mais de meia centena de paraísos fiscais no mundo, onde é permitido abrir uma empresa ou criar um fundo, que podem ser administrados por um agente fiduciário. Sua existência, apesar de legal, é problemática, pois permite esconder patrimônio e evitar impostos, com prejuízos para o fisco.

Deve-se destacar que a criação de um centro *offshore* em São Paulo não implica mudar em nada a atual regulamentação e tributação do SFN, nem em adotar a conversibilidade do real. Mas, sim, a criação de um "apêndice" com outro marco institucional.

Cidadãos, empresas, bancos e fundos nacionais e estrangeiros operariam com restrições semelhantes às que atualmente são impostas nas Ilhas Cayman e em outros paraísos fiscais.

São Paulo tem tudo o que é necessário para se tornar um centro financeiro *offshore*. Possui infraestrutura física – transporte, comunicações, rede de pagamentos, segurança, hotéis e prédios para escritórios.

Também tem mão de obra especializada abundante, escritórios de advocacia, classificadoras de risco, suporte tecnológico e serviços de apoio. É o domicílio de milhares de empresas de comércio exterior, armadores, instituições financeiras e pessoas com recursos que investem em outros paraísos fiscais.

Atualmente, empresas, fundos e cidadãos brasileiros têm aplicações declaradas no exterior de cerca de 400 bilhões de dólares e algo entre a metade e um quarto desse valor não declarado, que podem ser repatriadas em função da nova lei.

É razoável supor que uma fração desse total fosse aplicada na jurisdição a ser criada aqui, ao que pode adicionar-se parte das operações de comércio exterior brasileiro, bem como a atração de algumas transações oriundas de outros países. Isso geraria um volume considerável de recursos.

Nova gestão para São Paulo

O novo centro financeiro *offshore* paulistano poderia começar a operar de forma experimental, com poucas transações, resolvendo as pendências em foros internacionais, crescendo devagar num primeiro momento para aprimorar sua estrutura e aos poucos consolidar-se.

Os benefícios seriam consideráveis. O primeiro seria facilidade para quem opera legalmente num desses centros *offshores* atuar aqui. Simplificaria também o trabalho de detectar transações ilícitas pelas autoridades brasileiras.

Com sua implantação, haveria mais empregos diretos e indiretos e externalidades nos serviços de suporte, tecnologia, turismo de negócios, educação, advocacia e tecnologia.

O resultado fiscal seria expressivo. Atualmente, as reservas internacionais custam ao Brasil, em números redondos, cerca de cem bilhões de reais por ano, em função do diferencial das taxas de juros nacionais e internacionais. Já os recursos depositados na jurisdição seriam com lastro, portanto, não onerariam o Tesouro.

A vocação de São Paulo ser o centro financeiro, comercial e empresarial da América do Sul é um fato que exige várias ações para sua concretização. A proposta da criação do centro *offshore* paulistano é uma. É viável, pode ser executada num prazo curto e não depende de mudar o que já existe.

A segunda proposta é o congelamento de São Paulo. A lista das dificuldades da cidade é extensa: transporte, segurança, questão social e saneamento para citar alguns. Um exemplo é a questão do transporte: a cada ano que passa, os congestionamentos se tornam mais longos e os sistemas de transportes coletivos mais sobrecarregados. Os índices de violência sobem, os hospitais lotam, a população de rua se multiplica, etc. Enfim, a qualidade de vida se deteriora sem parar.

A cidade de São Paulo tem dez milhões e meio de habitantes, e ganha cento e cinquenta mil habitantes todos os anos com nascimentos e imigrações. Ou seja, uma população maior que a de algumas capitais brasileiras é adicionada à capital bandeirante. O que implica mais demanda de transporte, de vagas nas escolas, de leitos nos hospitais, de esgotos, etc. O aumento da população incentiva a criação de mais lojas, mais restaurantes, mais hotéis com seus respectivos problemas de mais congestionamentos, mais lixo, mais violência, mais tudo.

O denominador comum a todos os problemas municipais é que eles aumentam a uma taxa linear com o crescimento da população, todavia, o custo das soluções sobe a uma taxa exponencial. A saturação do espaço municipal faz com que os custos de melhoria sejam proibitivos.

Ilustrando o ponto: para solucionar o problema do transporte em São Paulo, é necessário expandir o metrô a um custo muito superior à solução do mesmo problema numa cidade de tamanho médio. Lembrando que o orçamento da cidade é extremamente limitado.

Para deteriorar o quadro ainda mais, existe um aspecto perverso na solução dos problemas de São Paulo. Se, de alguma forma, a qualidade de vida da cidade melhorasse, isso incentivaria a vinda de mais migrantes, o que, paradoxalmente, acabaria agravando os problemas de superpopulação. Ou seja, a solução dos problemas é muito difícil e complexa.

Uma proposta fácil de implementar e que pode ajudar muito é a de congelar a área construída da cidade. A medida pode amenizar alguns dos problemas existentes e evitar o aspecto perverso mencionado acima. O efeito mais importante dessa solução é que limitaria o crescimento da população da cidade e, com isso, restringiria o crescimento dos problemas. Uma lei congelando a área construída é viável legalmente, pois a concessão de alvarás de construção é uma prerrogativa da administração municipal. Basta apenas a vontade política do prefeito.

A medida seria feita por meio de uma lei municipal que fixaria nos níveis atuais a área construída de cada bairro da cidade, mantendo a atual lei de zoneamento. Pela lei de congelamento proposta, para conseguir a autorização para construir uma área em determinado bairro da cidade, seria necessário a comprovação de haver demolido a mesma área no bairro em questão. Dessa forma, a área construída em cada bairro ficará congelada.

Como a área construída permanecerá estável com a lei de congelamento, isso reduzirá o aumento dos problemas. A lógica da solução proposta é simples: com uma limitação de espaço construído, haverá uma expansão populacional menor e, consequentemente, não haverá um aumento grande na pressão por ruas, segurança, hospitais e escolas.

A lei municipal de congelamento também teria um efeito colateral que ajudaria os atuais proprietários de imóveis, que ganhariam um «valor de demolição». Como para construir seria necessário demolir, os incorporadores além de terem de comprar o terreno para seus empreendimentos, teriam de comprar outros imóveis no bairro e demoli-los para conseguir o alvará de construção. Isso aumentaria o preço dos imóveis da cidade, o que é bom para os atuais proprietários. Haveria uma diminuição nos ganhos da especulação imobiliária na construção de novos empreendimentos, porém um incentivo maior para reformar os atuais, em razão dos maiores custos para edificar.

Outro efeito colateral seria uma melhoria no nível de qualidade dos imóveis. Os piores imóveis da cidade teriam um "valor de demolição» maior que o valor intrínseco. Dessa forma, haveria uma pressão do mercado comprando imóveis de pior qualidade apenas pelo valor de demolição para construir. Evidentemente, tem de haver uma preocupação especial para que imóveis com valor histórico não sejam demolidos, mas isso pode ser resolvido facilmente por meio de incentivos convenientes.

Se a lei for sancionada e funcionar, haverá uma transferência da pressão populacional de São Paulo para outros municípios, especialmente os vizinhos. E isso é justamente o que se busca. Apesar de seus problemas, esses municípios não têm um nível de saturação urbana tão elevado quanto o paulistano. Dessa forma, a solução de seus problemas não será tão cara, e a relação custo-benefício dos problemas urbanos do estado melhorará.

Os problemas de São Paulo vêm de muito tempo atrás e não existe uma solução mágica instantânea. É necessário trabalhar muito em muitas frentes. O congelamento da área urbana proposto é uma solução de longo prazo para alguns problemas apenas e seu impacto a curto prazo é mínimo. Porém, permitirá um horizonte mais definido para a cidade e um crescimento mais ordenado e de melhor qualidade.

Há mais que se pode fazer em São Paulo, o potencial existe. Viver e produzir num lugar promissor é fundamental e depende de boas escolhas do governo central e do local.

PÁTRIA GRANDE

Uma oportunidade para alavancar o desenvolvimento brasileiro é a construção de uma América do Sul integrada. Os primeiros passos foram dados pelos libertadores, José de San Martin da Argentina e Simon Bolívar da Venezuela, que expulsaram os colonizadores do continente. Compartilhavam o mesmo ideal, mas tinham visões opostas sobre o processo.

A visão sanmartiniana era de um bloco continental por meio de um marco institucional comum norteando a integração. A bolivariana era de uma liderança pessoal forte conduzindo o processo. Foi a que prevaleceu, com uma abundância de caudilhos populistas

114 | O BÊ-Á-BÁ DA POLÍTICA ECONÔMICA NO BRASIL

que transformaram o sonho em pesadelo, retalhando o continente com lutas entre irmãos.

Quase dois séculos depois, o Mercosul despertou o projeto da Pátria Grande. Argentina, Brasil, Uruguai e Paraguai firmaram um acordo que era o embrião de uma América Latina focada em construir uma potência. Os planos iniciais eram audaciosos, incluíam até uma moeda única para o bloco, batizada de "Gaúcho". Outras partes do mundo tiveram projetos de integração, o mais conhecido foi o da União Europeia.

O Mercosul avançou em várias frentes, como educação, cultura, turismo, finanças e pesquisa. Entretanto, na economia, a visão sanmartiniana foi mais uma vez derrotada, os egos dos líderes pesaram mais. Registram-se poucos desenvolvimentos na sincronia das políticas macroeconômicas, minando as perspectivas do projeto.

Se, na costa do Atlântico, o cenário piorou, no outro lado do continente começou a se vislumbrar uma saída. Foi formada a Aliança do Pacífico em 2011. Peru e Chile, que já haviam travado uma guerra entre si no passado, juntos com Colômbia e México, puseram em prática o sonho do argentino San Martin. O grupo se autointitula a oitava economia do planeta, tem um projeto ambicioso de integração, já anunciou embaixadas comuns e tem dois países observadores, Costa Rica e Panamá, com intenções de participação. Trabalham a todo vapor no projeto.

Estão provando que o sonho da Pátria Grande pode virar uma realidade. É uma oportunidade para ações e ambições. Novos acordos estão acontecendo em todo o planeta, com um destaque especial ao protagonismo da China na Ásia e ao TPP11 – Trans-Pacific Partnership 11, é a Parceria Transpacífico sem os EUA e ao Euro.

Os blocos são plataformas potentes para crescer, atrair investimentos, gerar sinergias e abrir mercados. Em todos os blocos, vale quanto maior e mais integrado, melhor. Urge agir.

O momento permite que todo o Mercosul ambicione a integração com a Aliança do Pacífico e concretize a Pátria Grande. Faria da América Latina a terceira economia do mundo. Um primeiro passo para o Brasil seria uma integração maior com a Argentina. Os dois países têm uma história parecida, com momentos extraordinários seguidos de retrocessos espantosos.

Integração econômica com a Argentina

A Argentina foi a primeira colônia espanhola a emancipar-se, a debater o sonho da "Pátria Grande", da integração latino-americana, e a organizar um exército para ajudar a libertar seus vizinhos dos colonizadores; e, a seguir, entrou em décadas de conflitos internos.

No seu centenário, maravilhou o mundo com Buenos Aires; nos pampas argentinos, surgiu o maior centro cultural e econômico do Hemisfério Sul que rivalizava com as grandes capitais da época em brilho. Ao longo do século passado, surpreendeu pela sequência de etapas magníficas seguidas de colapsos que poderiam ter sido evitados. Os relatos parecem ser de duas argentinas diferentes, tal é a disparidade.

Dois séculos de história mostram que os custos da má gestão nos dois países foram altos, muitos deles irrecuperáveis e pagos por todos os argentinos e brasileiros. Provam também que os dois países podem muito, e ainda mais juntos. Têm recursos naturais, gente e um potencial invejável.

A Argentina começou a implantar um programa de transformação focando em inclusão, emprego e crescimento há dois anos. Todavia, o projeto começou há oito anos, em 2010, na *Fundación Pensar*, um *think-tank* que prepara propostas de política econômica para o partido do presidente Mauricio Macri.

O objetivo da *Fundación Pensar* a partir daquele ano foi o de elaborar um projeto para o futuro da Argentina e da Pátria Grande. Nesse contexto, o Brasil tem um papel de destaque. Tal é a importância que, na semana seguinte à eleição, como primeira medida como presidente eleito, Maurício Macri veio a Brasília e a São Paulo, onde manifestou enfaticamente a importância de uma parceria mais intensa entre os dois.

Após dois anos, os indicadores da economia argentina apresentam números cada vez mais positivos e as projeções para os próximos anos são de melhorias contínuas na inclusão e no crescimento. O modelo de criar um projeto para o país lá pode ser adaptado aqui.

Na integração econômica, Brasil e Argentina registram alguns avanços notáveis. Há um catalisador da parceria que é o SML (Sistema de Moedas Locais). É um sistema destinado a operações comerciais que permite aos importadores e exportadores brasileiros e argentinos a realização de pagamentos e recebimentos em suas respectivas moedas.

Sua utilização é voluntária, mas permite que as transações feitas por meio do SML se integrem no sistema bancário dos dois países. O mercado de divisas brasileiro tem qualidades como uma câmara de ativos futuros sofisticada com uma dimensão considerável e um sistema bancário moderno e sólido. Num mundo em turbulência cambial, eliminam-se as incertezas associadas às cotações do dólar.

Há outras qualidades, como uma taxa de câmbio mais competitiva, dependendo apenas da dinâmica das duas economias, sem a influência direta do que acontece com o mercado do dólar, custos de transações mais baixos, mais estabilidade na taxa de conversão entre as duas moedas, menor uso de reservas internacionais e vulnerabilidade cambial mais fraca.

A agenda de integração dos dois países é mais extensa, mas este passo importante já foi dado. Outra medida adotada em 2017 foi no setor automotivo, facilitando a produção para os dois. Quanto mais estreito for o laço, maiores serão as sinergias e ganhos para ambos.

Argentinos e brasileiros têm de criar duas agendas. Uma é a de integração, com medidas para facilitar os trâmites alfandegários e a mobilidade de trabalhadores. Outra é a de expansão, que é a criação de uma pauta de ações externas para a inserção externa mais conveniente, como a padronização de produtos e a promoção dos dois países.

Um poderia ser a promoção conjunta do turismo: "Do Oiapoque à Lapataia, visite a América do Sul, onde o sol brilha mais". Outro poderia ser a exportação de vinhos de ambos: "Beba o vinho de onde há mais sol".

Brasil e Argentina integrados representariam a 5ª economia do mundo, atrás apenas da China, dos EUA, da Índia e do Japão e à frente da Alemanha, Inglaterra e outros 185 países.

Os argentinos, chamados no Brasil de "los hermanos", têm um carinho fraterno pelos brasileiros. A padroeira da Argentina, do Uruguai e do Paraguai é *Nuestra Señora de Luján*. Foi feita em São Paulo e levada para lá em 1630. Um dos letristas de tango mais famoso, que compôs "Mi Buenos Aires querido", foi Alfredo Le Pera, paulistano.

Na guerra das Malvinas, o Brasil ficou incondicionalmente do lado argentino com apoio diplomático e militar. Alugaram aos "hermanos" aviões de patrulha naval Embraer P-95 e jatos Xavante. Na hora da briga, ficaram juntos como irmãos.

Por outro lado, no futebol, eles têm uma rivalidade fratricida. Os argentinos têm mais olimpíadas, mundiais interclubes, libertadores e Copa América; os brasileiros, mais vitórias na copa do mundo. É uma guerra sem fim.

Maradona, na véspera de um jogo contra o Brasil, disse: "Há quem pense que um jogo entre os dois países é uma questão de vida ou morte. Estão enganados! É mais do que isso".

LIBERAIS, DESENVOLVIMENTISTAS E OUTRAS TRIBOS

Desenvolvimentistas e liberais, esquerdistas e direitistas e defensores de um partido ou de outro prometem, com discursos sedutores, o máximo bem-estar se seus preceitos forem seguidos e contrapõem suas ideias às do grupo opositor.

Os debates parecem rodas de futebol aos domingos, em que cada lado prova que seu time é o melhor. São importantes para a história do pensamento econômico, mas um estorvo importante para uma análise objetiva da política econômica. A análise técnica se transforma num debate passional e estéril, em que cada lado só aponta seus méritos e omite as suas limitações.

Um exemplo, muito evocado pelos liberais, os ortodoxos e a direita, é princípio de livre-mercado. É um dos mais sedutores da literatura econômica. Assegura que promove a eficiência, respeitando a liberdade, deixando que preços e quantidades de bens e serviços sejam determinados pela interação das ofertas e demandas de consumidores e produtores sem a intervenção dos governos.

É usado para defender a desregulamentação da intermediação financeira e de outros setores. Dessa forma, as instituições ofereceriam instrumentos, que se adaptariam às características da economia e alocariam as poupanças para os projetos que, ajustados pelo risco, apresentassem o melhor retorno, induzindo ao crescimento do País.

A assertiva pode ser corroborada com o desempenho da B3 (antiga BMF&BOVESPA), que é privada, autorregula-se e negocia dezenas de bilhões de reais diariamente com eficiência e segurança. É incontestável, é uma demonstração de que o livre-mercado pode funcionar bem.

É fato, a intermediação de ativos futuros no Brasil é um exemplo em que todos ganham; também é fato que a de financiamentos ilustra o oposto, é disfuncional. É ineficiente, iníqua, opaca e traz prejuízos grandes ao país, usando o argumento do livre-mercado para justificar a lei da selva.

A B3 só funciona bem porque, além de ser um mercado livre, também tem uma gestão proativa, transparência acentuada, controles rigorosos e milhares de regras atualizadas sistematicamente, pensadas para manter seu desempenho primoroso.

Não é o que acontece com a intermediação de financiamentos. É um vale-tudo, com regulamentação inadequada, em que cidadãos, empresas, governos e até banqueiros sintam os efeitos adversos de um mercado disfuncional. É um perde-perde para todos os cidadãos.

O STJ (Supremo Tribunal de Justiça) decidiu que juros bancários são considerados abusivos quando superam muito a taxa média de mercado, que o Banco Central divulga como sendo de 30% ao ano; há instituições que cobram mais de 800% ao ano e isso é considerado livre-mercado por muitos, é um contrassenso. Deveria ser chamado de mercado libertino.

Isso não é exclusividade do mercado financeiro. Na aviação, nos planos de saúde e na telefonia também é usado como justificativa, em que também se observam distorções. O resultado é uma perda de bem-estar para o país, usando o mantra do livre-mercado como justificativa.

É fato, mercados eficientes são poderosos para o desenvolvimento, mas têm de estar bem organizados e supervisionados. Também é fato que a concorrência por si só não garante a eficiência; pelo contrário, pode levar a equilíbrios perversos.

Há falhas causadas por regulamentação inadequada, restrições tecnológicas, informação imperfeita, barreiras à entrada e condições econômicas que, em determinados contextos, oneram injustamente muitos em benefício de poucos.

Não existe «livre-concorrência» absoluta. A existência de direitos e obrigações para serem negociados depende de sua definição como tal pela sociedade e de como é protegida por leis. Boas regras bem cumpridas é que fazem bons mercados e são específicas para cada situação.

A boa política econômica deve promover uma concorrência que proteja os mais fracos, com transparência, que não tolere abusos e que incentive a eficiência e a inovação. Bons mercados dependem de bons governos que os adéquem às transformações de seus entornos.

Desenvolvimentismo

O mesmo acontece no desenvolvimentismo. Seus principais mentores foram John Maynard Keynes, que revolucionou a política econômica inglesa, e Celso Furtado, um economista brasileiro de destaque, com uma atuação importante nas décadas de 1950 e 1960. Suas recomendações, no período entre as duas guerras mundiais, tiveram um efeito positivo há mais de meio século.

Atualmente, não há uma definição precisa do que é. O termo é abrangente e é usado em toda a América Latina em contextos diversos e com propostas muito variadas. Há muita flexibilidade e imprecisão em explicar o que é.

Algumas são redundantes – o desenvolvimentismo é a estratégia nacional de desenvolvimento –, ou confundem fins com meios – o crescimento é um dos pilares de desenvolvimento –, ou são textos panfletários com boas intenções.

Outras colocações, que são recorrentes em autodenominados desenvolvimentistas, preocupam: câmbio competitivo, tolerância com a inflação, redução de juros, acúmulo de reservas e expansão do Estado. É um discurso tentador, pois, com pouco esforço, o Brasil do futuro estaria virando o Brasil do presente, mas inconsistente.

Essas políticas já foram aplicadas em outros contextos e com resultados desastrosos. Políticas de juros abaixo do equilíbrio, câmbio desvalorizado e tolerância com a inflação são medidas que têm apenas efeitos financeiros na produção; atuam reduzindo o salário real para aumentar a competitividade por um período limitado. Seus benefícios antecedem seus custos: mais crescimento agora e mais inflação, juros elevados e câmbio apreciado depois; ou seja, pão hoje e fome amanhã.

A proposta de Estado também é falaciosa. Associa arrecadação elevada, inchaço no funcionalismo e assistencialismo a Estado grande. Mas o que favorece o desenvolvimento é um Estado forte, que proporcione infraestrutura, segurança, serviços públicos e inclusão social duradoura com educação, saúde e empreendedorismo. O apelo a reservas elevadas é comum no discurso de alguns desenvolvimentistas.

LIBERAIS, DESENVOLVIMENTISTAS E OUTRAS TRIBOS | 123

Confundem o entesouramento de capital financeiro com o acúmulo de capital produtivo – capital físico, capital humano e capital social, ou seja, investimentos em instituições, infraestrutura, fábricas e educação, que geram riquezas.

É um saudosismo irresponsável. O discurso desenvolvimentista promete, mas lhe falta uma agenda com poucos adjetivos e com conteúdo. Urge uma concepção consistente de desenvolvimentismo, com um conjunto estruturado de ideias e propostas que possa gerar um impulso de crescimento sustentável e de inclusão social duradouro; uma visão de futuro a ser partilhada pela sociedade. Algo semelhante ao que foi nas suas origens, mas adequado para os dias atuais.

O ponto é que a boa condução na economia é sempre uma adaptação às circunstâncias, observando bons princípios, não uma ideologia rígida defendida com unhas e dentes, que é o que se observa. Por um lado, algo recorrente nos diferentes governos é fazer o jogo do contente, com um discurso exageradamente otimista, apontando os méritos da gestão do país. Por outro, as críticas à política econômica são vistas como críticas ao governo.

Não são. Ninguém torce contra, pelo contrário, todos querem o melhor, e alguns apontam falhas passíveis de retificações.

No debate ideológico, há também de se considerar a importância relativa do estado na economia. No Jardim América, bairro rico de São Paulo, as necessidades de saúde, educação, segurança e transporte são diferentes das do Jardim Ângela, um distrito na zona sul da capital paulista, com renda mais baixa e demandas sociais maiores.

O debate de política econômica deveria ser mais despersonalizado e sem rótulos, para analisar com objetividade o que funciona melhor. Não existe uma oposição entre eficiência e inclusão. Vale destacar que, via de regra, os países mais ricos são os que têm uma renda mais bem distribuída.

Mercados e estado são duas faces da mesma moeda. Como toda moeda, seu valor não depende da imagem que tem cunhada, mas de como é gerida.

REFORMA POLÍTICA POSSÍVEL

A produção futebolística nacional está entre as melhores do mundo. Além dos craques da seleção, jogadores nascidos aqui se destacam em outros países. Exportam-se jogadores e tecnologia futebolística com resultados positivos para a balança comercial e a imagem do Brasil no exterior.

Não é fruto do acaso e não depende de nenhum craque individual para dar certo. O sucesso do futebol brasileiro é a combinação do fluxo contínuo de jogadores que começa nos campos de várzea, nas ruas e nas praias, da organização de clubes, de regras simples que são seguidas por todos, de um sistema de campeonatos que promove os bons desempenhos e da torcida que aplaude os resultados positivos.

Enquanto no futebol o Brasil está entre os melhores do mundo, se houvesse um campeonato entre todos os países de economia, é certo que não se classificaria, apesar da abundância de talentos e recursos. O país não está entre os 32 melhores em taxas de crescimento do PIB, renda per capita e na distribuição de renda.

Aponta-se a culpa aos políticos, o que é paradoxal. O necessário para um bom desempenho econômico é, coincidentemente, o mesmo que para um futebol de classe: aplicação de estratégias adequadas, criatividade, respeito a regras por todos, jogo de equipe, perseverança e dedicação. Mas dá certo no futebol e falha na política no Brasil.

Espera-se um craque político que mude esse quadro. Alguém que faça o país do futuro virar presente, o craque que com liderança, raça e ginga leve o Brasil a uma posição de destaque. É uma busca infrutífera. Esse craque não vai aparecer. Tanto no futebol como na política, craques podem definir jogos, mas é necessário mais que isso para colecionar taças.

São os princípios do sistema que geram o bom futebol, não os craques de momento. Décadas de bons resultados criaram um círculo virtuoso para o futebol, elevando-o a patamares de qualidade superiores. Séculos de um sistema de representação política personalista geraram um círculo vicioso e rígido, que não é consistente com os anseios da população.

Sistema político brasileiro

O grau de democracia do sistema político brasileiro é percebido como baixo. Por um lado, manifestações da sociedade civil deixam clara a sensação de que são mal representados. Por outro, legisladores reforçam esse sentimento com afirmações que "como representantes do povo devem decidir pelo povo"(!). Uma citação de um presidente da câmara dos deputados foi mais explícita ainda ao afirmar que "O congresso não é obrigado a ouvir o povo. Isto aqui não é com um cartório, onde a gente carimba o que o povo está pedindo"(!).

É um sistema desenhado para perpetuar os donos do poder. De um lado, os atuais eleitos têm dois canais de televisão aberta exclusivos, aparecem de maneira gratuita no horário nobre das grandes redes de televisão em propaganda partidária e têm verbas, assessores e secretárias para promoverem-se; e do outro, os candidatos pela primeira vez, que não têm nada disso. Obviamente, é uma competição desigual.

Na divisão do espaço na televisão durante as campanhas eleitorais é a mesma lógica, os que têm mais, ganham mais tempo para aparecer. Mais um incentivo para dificultar a renovação do legislativo. Há deputados e senadores que se perpetuam no cargo, estão no Congresso Nacional há décadas. Pode ser que seja porque são especialmente dotados para a função legislativa. Não obstante, sob o ponto de vista estritamente concorrencial, a competição, entre os que buscam a reeleição e os que tentam pela primeira vez, não é «democrática».

Há mais inconsistências na "democracia brasileira". O loteamento dos ministérios para ter apoio da bancada e a liberação de emendas para a aprovação de projetos mostram um lado do Congresso que não combina com a intitulação de representante do povo. Parece mais que objetivam apoio político nas bases eleitorais para garantir a próxima eleição do que fazer um Brasil melhor.

Em parte, isso acontece porque os legisladores têm um incentivo (perverso) a adotar medidas populistas. Os frutos de um aumento de gastos são imediatos e aumentam a popularidade facilitando sua reeleição. Por outro lado, os custos, como menos crescimento e inflação em alta, só aparecem em um segundo momento, após o pleito.

Abundam evidências de postergação de medidas e reformas importantes, que estão no Congresso há décadas. Nestes casos, os legisladores não querem arcar com custos (políticos atuais) cujos benefícios serão usufruídos no futuro. É oportuno destacar que uma das maiores barreiras para desenvolvimento sustentado é sua postergação.

É paradoxal, Brasília foi construída no centro do território para estar aberta a todas suas influências. Entretanto, está cada vez mais voltada para si mesma, isolada dos anseios da população.

Há outro aspecto em que o Congresso Nacional não representa o povo brasileiro, é nos custos. Um estudo da Transparência Brasil mostra que o orçamento do legislativo brasileiro é o triplo que o da França e o quádruplo que o do Reino Unido, é um dos mais caros do mundo. Já a sua eficiência é passível de reparos e incompatível com o dinamismo do Brasil. Há vícios que vêm desde o Império que devem ser corrigidos. Urge mudar.

O Brasil está vivendo um tempo revolucionário, longe de Brasília. Tem várias frentes: a que está em destaque é a das avenidas, mas há outras, como na produção de alimentos, na prestação de serviços, nas corridas de rua, na tecnologia e na educação. Não há porque deixar a capital da república de lado. Nada melhor do que injetar parlamentares com novas ideias e ideais.

Uma renovação sistemática dos representantes pode ter um impacto positivo na representatividade dos eleitos. Proibindo a reeleição, aumentam os incentivos para que os eleitos se concentrem mais no futuro e menos no próximo pleito.

Uma emenda proibindo a reeleição não tem nenhuma chance de ser aprovada no Congresso Nacional. Mas pode ser implementada na prática sem plebiscito, reforma política, referendo ou constituinte. Basta que todos votem assim. Há mais a ser feito, mas está é uma contribuição que todos podem dar. Simples assim.

Nelson Rodrigues escreveu: «No futebol, o pior cego é o que só vê a bola». Na política, é aquele que está procurando um craque que não existe. É hora de renovar o time em Brasília.

AS ELEIÇÕES DE OUTUBRO

O futuro do Brasil vai se encontrar com os brasileiros em outubro, mês das eleições. No dia 7 será a votação para deputados, senadores, governadores e presidente. Dia 28, haverá o segundo turno, caso os candidatos a postos no executivo não obtenham maioria simples na primeira votação. Conforme colocado anteriormente, uma recomendação é não reeleger ninguém no mesmo cargo. Não é bom para o país, por melhor que seja o candidato.

Um fato marcante nas eleições é o tom das campanhas políticas. Onde o carisma e a estratégia de marketing contam muito. São bilhões de reais investidos em geração de conteúdo e divulgado nos meios de comunicação e nas redes sociais. A qualidade é reconhecidamente boa, tão boa que campanhas eleitorais em outros países contratam publicitários brasileiros.

O conteúdo programático, até este ano, contou pouco, uma personalidade cativante bastava e propostas do tipo é "melhor ser rico e saudável do que pobre e doente" são coletâneas lindas de boas intenções, mas com pouca substância. Urge mudar isso. Nas páginas anteriores, foram colocados os requisitos de uma boa política econômica, que devem ser detalhados pelos candidatos.

Há mais aspectos a serem considerados num programa de governo e devem ser mais profundos. Deve-se votar num programa de governo consistente e em sintonia com as aspirações do cidadão e no seu executor. As propostas de cada candidato devem ser analisadas cuidadosamente. A escolha tem de se tornar mais objetiva.

Os eleitores brasileiros se desacostumaram a pensar muito na gestão pública em razão de décadas de inflação, de alguns anos com restrições políticas – de 1960 a 1989 não houveram eleições presidenciais – e da distância geográfica e cívica da capital da república com o resto do Brasil.

A situação é outra. As contas públicas são mais transparentes e o país sofre as consequências de escolhas políticas atabalhoadas. É necessário votar de maneira mais aquilatada. No Brasil, diferente de outros países, os *think-tanks*, um anglicismo para núcleos de cidadãos que estudam a fundo o país, são insuficientes e pouco profundos. O que exigirá um esforço maior da cidadania para votar bem e acompanhar a execução dos planos de governo depois.

Os critérios para avaliar os planos dos diferentes candidatos devem ser a identificação dos objetivos do candidato com os de cada eleitor, a consistência das respostas, a abrangência do seu projeto de Brasil, a viabilidade das propostas e uma quantificação realista de objetivos e meios para alcançá-los.

O que cobrar dos candidatos

As eleições presidenciais de 2018 são fundamentais para que o Brasil usufrua o potencial de seu desenvolvimento. O país pode dar a volta por cima e surpreender o mundo. Dois objetivos devem ser considerados como prioritários pelo próximo governo, a redução da pobreza e do desemprego e a promoção do crescimento sustentado. Apesar de haver outros a serem almejados no próximo governo, todos devem subordinar-se a esses dois em razão de sua importância, premência e urgência.

O objetivo de redução da pobreza e do desemprego decorre da extensão, o caráter crônico e a severidade da pobreza no Brasil, bem como do fracasso notório de políticas imediatistas que não atacam suas causas. É óbvia a necessidade de uma estratégia de longo prazo para reduzir o problema de forma expressiva e rápida. É inaceitável o nível de pobreza e desemprego existente no país, considerando a abundância de recursos existentes.

A promoção do crescimento econômico sustentável é complementar ao anterior e decorre da necessidade, cada vez mais impreterível, de que a economia brasileira retome níveis de crescimento compatíveis com seu potencial. Somente uma retomada consistente e balanceada do crescimento viabilizará uma redução duradoura da pobreza e do desemprego, um aumento de oportunidades para todos os brasileiros e uma diminuição da vulnerabilidade de milhões de cidadãos.

Há alguns detalhamentos da visão do candidato a presidente do Brasil que são importantes analisar e que estão relacionadas entre si. O primeiro é como ele vê o Brasil ao final de 2022. Que mudanças qualitativas e quantitativas ele espera influenciar nos seus quatro anos de governo? Um elenco das transformações esperadas e quais as prioritárias é importante.

Um elenco das ações para a redução da pobreza implica ações de curto e longo prazo. As de curto prazo estão voltadas para aliviar os estragos da miséria celeremente com programas específicos. As de longo prazo, mais importantes, objetivam eliminar as causas da pobreza, possibilitando e promovendo o acesso à educação, saúde, alimentação, trabalho digno e justiça para toda a população brasileira.

A falta de emprego tem consequências graves, como diminuição da autoestima, deterioração de laços familiares, destruição de lares, perdas patrimoniais e redução do padrão de vida, que, em alguns casos, é a porta para a miséria. A demora na redução do número de desempregados é atroz para as esperanças de uma vida em consonância com as possibilidades do País. É oportuno saber as medidas que serão adotadas para isso.

Um crescimento acelerado e sustentável implica uma política econômica que esteja fundamentada em premissas sólidas e aceitáveis pela sociedade brasileira. As combinações das políticas monetária, fiscal, cambial e de desenvolvimento devem ser consistentes intertemporalmente. Essas políticas devem objetivar a solvência dos setores privado e público, a redução do chamado "custo Brasil", a competitividade do país, o investimento, a inserção externa, as reformas e a seleção de setores prioritários, como turismo e de agregação de valor a produtos agrícolas.

Um requisito importante para o desenvolvimento do país é o desenho de um quadro institucional adequado aos novos tempos. Nesse sentido, algumas reformas são de fundamental importância. Além de equacionar de forma definitiva alguns aspectos institucionais, as reformas devem contemplar as transições do regime atual para o proposto. Destacam-se as reformas tributária, fiscal, da previdência, do judiciário, política, bancária, cambial, educacional e administrativa.

A renda brasileira é uma das mais concentradas do planeta o que é injustificável para a nossa sociedade. É importante que seja melhorada. Nesse sentido, devem tomar-se medidas efetivas para diminuir as diferenças de renda associadas a distintas regiões, especialmente entre o Sudeste e Nordeste e condições de raça e de gênero.

A qualidade de vida do brasileiro deve e pode ser melhorada com políticas específicas. Essas políticas devem incluir propostas para promover a preservação do meio ambiente, a segurança e os direitos humanos, a promoção da saúde em todos seus aspectos, a difusão da cultura nacional e o equacionamento da questão urbana e da moradia.

Alguns setores, em razão de sua importância, merecem ter políticas setoriais explícitas. Dentre todas, assumem uma proeminência a política agrícola, industrial, tecnológica, energética, a financeira e a educacional.

As relações internacionais do Brasil são meritórias e devem definir o padrão de relacionamento com o resto do mundo. Considerando a localização geográfica, a relevância econômica de alguns mercados e o quadro político mundial, deve-se estabelecer o tipo de relacionamento que o País dever ter com a Argentina, o restante da América Latina, a Europa, a China, os Estados Unidos e os blocos econômicos Mercosul, Aliança do Pacífico e a União Europeia.

A forma de exercer o governo tem como pressuposto a definição do papel do estado, seu tamanho, a eficiência, medidas para acabar com a corrupção, o papel do setor privado no governo e o protagonismo do congresso.

O orçamento público é uma figura de destaque, pois é a peça que melhor resume as prioridades de qualquer governo. Quais são as fontes de financiamento, e quais os usos dos recursos. Um déficit orçamentário em um ano implica necessariamente uma dívida com juros a ser paga nos anos seguintes e, portanto, menos benefícios no futuro.

Mais gastos em obras públicas implica menos recursos para a educação e saúde. Ninguém consegue fazer mágica, um gasto a mais em um setor é um gasto a menos em outro, ou um imposto a mais.

Estratégia e plano de ação

Além do perfil do candidato, é necessário saber a composição da equipe que ele coordenará para pôr o plano em prática. É importante conhecer o perfil das pessoas que farão o projeto virar uma realidade e fazer com que o Brasil ocupe o destino a que tem direito.

Num cenário mundial em transformação, urge uma estratégia para usufruir as oportunidades e evitar a obsolescência e o declínio. Propostas de gestão malemolentes e acomodadas produzirão resultados pífios, apenas as aguerridas e ambiciosas podem conseguir um bom desempenho para o Brasil.

O plano de governo de cada candidato é uma peça importante para o exercício pleno da democracia. Embora não haja consenso sobre o conteúdo mínimo, deve conter a visão do candidato, sua estratégia, uma quantificação realista de objetivos e meios para alcançá-los, um orçamento crível para os próximos quatro anos e propostas abrangentes e específicas, para que sua viabilidade, consistência e conveniência sejam avaliadas pelos eleitores.

O pleito de outubro também pode ser visto como um contrato com um fornecedor, com seu perfil, seus compromissos e seus planos para melhorar o futuro do Brasil. Pode contribuir para sua prosperidade, com ganhos polpudos para os cidadãos, ou mais gastos apenas. Exige uma escolha criteriosa, não há como cancelar o serviço durante quatro anos.

BIG BANG 2018

Neste ano, pode ser feita rapidamente a transição de uma frustração generalizada para uma aceleração no desenvolvimento do Brasil. A realidade impõe um tratamento de choque, um Big Bang na economia do Brasil.

O termo originariamente é da teoria cosmológica dominante e se refere à explosão que teria dado origem à expansão do universo. Em economia, foi cunhado no mercado financeiro inglês, em razão do impulso forte na atividade causado por mudanças que entraram em vigor lá no dia 27 de outubro de 1986.

Posteriormente, a expressão foi incorporada na literatura econômica para descrever tratamentos de choque para revitalizar economias em estado letárgico, como em alguns países da antiga União Soviética e até para eventos anteriores, como a bem-sucedida retomada da Alemanha Ocidental em 1948 e o milagre econômico do Japão no pós-guerra.

Abundam exemplos de como mudanças abruptas e apropriadas na política econômica têm efeitos positivos no crescimento e no bem-estar. Quanto mais contundentes forem, mais rápidos serão os resultados.

Há uma visão dominante em todo o território nacional de que o crescimento virá devagar. Esse entendimento está equivocado, o Brasil tem todas as condições de voltar a crescer mais celeremente do que as projeções atuais. Basta mudar o entendimento da situação e agir de acordo.

É questão de analisar as especificidades da atual conjuntura. Há espaço para uma política econômica mais ambiciosa. 2018 é um ano bom para isso, é ano eleitoral, os efeitos positivos da Lava Jato começam a ser sentidos, o quadro conjuntural é positivo e há uma frustração generalizada no país.

É ano de eleição, quando os políticos têm ouvidos mais atentos e atenções mais voltadas para seus eleitores e o país. Os candidatos fazem propostas e os que estão no governo tentam se apropriar de alguma delas e adiantar sua implantação.

O quadro conjuntural é bom, a inflação está num patamar baixo, a taxa básica de juros está num piso histórico, o equilíbrio externo está assegurado para este ano e os próximos e há, por um lado, capacidade ociosa abundante na indústria e nos serviços e, por outro lado, mão de obra ansiosa por trabalhar.

Na política, é hora de melhorar a qualidade dos políticos e da política. Para tanto, basta exigir posicionamentos claros de cada candidato e não reeleger nenhum político no cargo atual. A decisão depende de um esforço cívico de todos. A complacência nos condenaria a mais quatro anos do mesmo.

É possível catalisar rapidamente o crescimento, com um ajuste das alíquotas de tributos financeiros e de liquidez, uma renegociação institucionalizada e a revogação do entulho inflacionário podem ser adotadas rapidamente pelo executivo.

Com o ajuste, haveria uma reversão de expectativas e uma injeção de confiança, assim como mais crédito, mais barato e mais longo. Haveria também mais justiça social. No curto prazo, observar-se-ia um aumento da rentabilidade e da legitimidade do SFN. Para que o quadro não volte a acontecer depois de um tempo, é necessário fazer a transição da intermediação da época da inflação para a atual.

No câmbio, a ação a ser adotada seria a liberação do mercado. O marco legal cambial vigente, o decreto 23.358 de 19 de outubro de 1933, assinado por Getúlio Vargas e Oswaldo de Souza Aranha, é anacrônico, um fardo. Permitir contas em divisas e a conversibilidade do real traria ganhos polpudos.

Urge um choque fiscal. A gestão do endividamento do governo é temerária, a dívida bruta está ultrapassando a marca dos 80% do PIB, colocando a economia numa dinâmica de juros mais altos, menos crescimento e mais impostos que deve ser revertida rapidamente. Medidas como tributar a renda fixa e diminuir o custo de carregamento das reservas.

O Big Bang Brasil daria (dará) um impulso à economia já em 2018, mas mais importante é o choque de credibilidade, atraindo investimentos produtivos e colocando o País num círculo virtuoso, elevando as taxas de crescimento e de inclusão. Não é aceitável que o florão da América murche. Não é necessário esperar pelo próximo governo para começar a adotar as medidas, a implantação de algumas apenas pode ter um efeito acelerador forte.

A medida mais importante de todas é sair da armadilha da mediania. No Brasil, o pessimismo tem uma influência forte na maneira de ver a realidade. Lembrando o poema de Vinicius de Moraes: *"Tristeza não tem fim. Felicidade sim..."*. É hora de olhar o futuro do país de outra maneira. No esporte, abundam exemplos de que os campeões são os que confiam mais em si próprios, não os mais favorecidos fisicamente.

Vale para os atletas, vale para as pessoas, vale para as empresas e vale para os países. O Brasil é abençoado pela própria natureza, tem de superar a baixa autoconfiança para se destacar.

Para isso, tem de sair de uma armadilha ideológica, de achar que só pode mudar devagar. Os gradualistas argumentam que é o melhor que pode ser feito, considerando as condições existentes. Na prática, estão perpetuando um desempenho medíocre, muito aquém do que é possível. Acreditar no gradualismo é perigoso, pode virar realidade. Tem um custo social alto e desnecessário.

Há trinta anos, o PIB do Brasil era maior que o da Índia e o da China, porém hoje o PIB indiano é três vezes maior que o brasileiro e o chinês sete. As condições brasileiras eram e ainda são melhores que as deles, e eles tinham e têm dificuldades de idiomas e grandes diferenças culturais internas que aqui nunca existiram. A chave do sucesso foi que a sociedade civil e o governo se estruturaram para antecipar as grandes transformações, alavancando as oportunidades e mitigando os efeitos potencias negativos.

Há outra forma de analisar a realidade e existe uma estratégia de superação, que complementa a atual. É questão de analisar as especificidades da atual conjuntura. O momento atual pede a todos que olhem para o Brasil de hoje, imaginem como querem que ele seja amanhã e trabalhem por ele.

É uma tarefa que tem pontos em comum com a de um escultor, que quando olha para uma pedra, não vê apenas uma rocha, mas sim o que pode ser feito com ela e começa a martelar o cinzel. Há muito que pode ser feito no Brasil e que não está sendo feito.

Concluindo com uma frase do livro *O pequeno príncipe* de Antoine de Saint-Exupéry: "O essencial é invisível aos olhos, só se vê bem com o coração". O Brasil é gigante pela própria natureza e seu futuro espelha essa grandeza.

É uma questão de bom senso, só isso.

GRÁFICA PAYM
Tel. [11] 4392-3344
paym@graficapaym.com.br